Übergewicht
ist
kein Schicksal

Ein Buch für Dein Gehirn

von

Reza Hojati

„Wenn Hunger nicht der Grund ist, dann kann essen nicht die Lösung sein!"

Sicherlich hast Du Dich schon oft gefragt, warum Du noch nicht schlank bist. Die moderne Hirnforschung und neuste Erkenntnisse der Ernährungswissenschaften belegen dazu, dass nicht die einzelnen Lebensmittel und Speisen dafür verantwortlich sein können, ob Du zu - oder abnimmst. In erster Linie sind es Deine Denkweise, das Essen aus emotionalen Gründen und die Art und Weise wie Du isst, die darüber entscheiden, ob Du schlank bist oder nicht.

Reza Hojati | Founder der Schlankness Methode

Herausgeber:
BODYCOMPASS e.K. Verlag
© 2020, Reza Hojati
Autor: Reza Hojati

1. Auflage 2008
2. Auflage 2009
3. Auflage 2012
4. Auflage 2017
5. Auflage 2020

Internet: www.schlankness.de
Bildnachweis: fotolia
ISBN: 9783981337822

Umwelthinweis: Gedruckt auf FSC-zertifiziertem Papier aus nachhaltiger Waldwirtschaft

Dein Weg zu einem gesunden und schlanken Körper

Zunächst möchte ich mich persönlich dafür bedanken, dass Du Dir die Zeit nimmst und Dich mit diesem revolutionären und einfachen Programm beschäftigst. Im Laufe dieses Buches wirst Du erfahren, wie Du schnell und leicht abnehmen kannst, ohne dabei eine Diät machen zu müssen. Du wirst das Schlüsselgeheimnis für einen schlanken und gesunden Körper kennenlernen und dabei bemerken, dass Du die Lösung Deines Zieles schon immer in Dir getragen hast.

Dieses Buch öffnet Dir die Tür zu einer neuen Welt des Gewichtsreduzierens. Wie weit sich diese Türe öffnet, liegt ganz allein bei Dir. Lese in Ruhe dieses Buch durch, dann kannst Du die Möglichkeiten, die Dir diese einfache Methode, bietet vollausschöpfen.

Endlich essen was man will und dabei trotzdem an Körpergewicht abnehmen? Sich in seinem eigenen Körper wohl fühlen und ohne schlechtes Gewissen ein Eis oder ein Stück Schokolade genießen können? Ich weiß, das klingt nach Wunschdenken. Die Schlankness Methode ist eigentlich zu schön, um wahr zu sein.

Man kann es zunächst gar nicht für möglich halten, dass das überhaupt funktionieren kann. Es ist ja auch kein Wunder, dass diese Gedanken sich festgesetzt haben, denn viele sind der Meinung, dass abnehmen schwierig sein muss. Das liegt daran, dass Dir suggeriert wird, abnehmen sei schwierig und wer abnehmen möchte, müsse Diäten machen oder ein Leben lang auf bestimmte Lebensmittel verzichten.

Es hat den Anschein, Übergewicht sei eine Krankheit. Dabei sind sich namenhafte Experten einig, dass abnehmen oder eine Gewichtszunahme in erster Linie nichts damit zu tun hat, was wir essen, sondern wie und warum wir essen.

Mit der Schlankness Methode, habe ich für Dich ein Programm entwickelt, bei dem aus Wunschdenken Realität wird. Wer Schlankness macht, kann essen und trinken was und wann er will. Er wird dabei Körpergewicht reduzieren und sich in seinem eigenen Körper wohl fühlen.

Die Schlankness Methode kann und wird Dich schon in wenigen Tagen in die Lage versetzen zu essen wie von Natur aus schlanke Menschen. Du kannst essen, was Du immer essen wolltest und dabei an Körpergewicht abnehmen. Und das alles gelingt Dir ohne Verzicht oder eine Diät machen zu müssen und ohne irgendwelche Ernährungsvorschriften oder Verbote.

Du nimmst leicht und mühelos an Körpergewicht ab wirst schlanker und bleibst schlank, weil Du 80% der Arbeit an Dein Unterbewusstsein abgibst und Du dabei Deine körpereigene Intelligenz nutzt, um dieses Ziel zu erreichen.

Auch wenn Du bis heute daran geglaubt hast, dass abnehmen nur mit viel Disziplin funktionieren kann, eine harte Arbeit sei und nur mit einer Diät, Verzicht oder Reglementierung klappen kann. Möchte ich Dich trotzdem darum bitten, offen zu sein und dieses Buch aufmerksam zu lesen.

Möchtest Du endlich essen können, was immer Du möchtest und dabei noch Gewicht verlieren?

Dann lade ich Dich dazu ein, sich mit dieser Einführung vertraut zu machen, denn das Abnehmen und Schlankbleiben mit der Schlankness Methode weicht sicher stark von Deinen bisherigen Erfahrungen beim herkömmlichen Abnehmen ab. Ich bitte Dich also, Dir in Ruhe diese Einführung durchzulesen.

Wie auch immer Du zu diesem Buch gefunden hast, durch Freunde, Bekannte, Verwandte oder einfach durch Zufall beim Surfen im Internet, ich bin sicher, Du bist gespannt, was Dich hier erwartet.

Eine entscheidende Sache möchte ich vorab erwähnen, bevor wir in die Tiefe gehen. Es gibt nur einen Weg, wie Du schlank werden und schlank bleiben kannst.
Und das bist Du.

Bei dieser Methode stehst Du mit Deinem Körper im Mittelpunkt! *„Höre lieber auf Deinen Körper, denn Dein Körper ist klüger als jede noch so raffinierte Diät der Welt.“*

Mit der Schlankness Methode bringst Du Deinen Körper und Deinen Geist ins Gleichgewicht. Du findest die Balance zwischen Deinem Hunger- und Sättigungsgefühl und isst nur das, was Dir schmeckt und Deinem Körper guttut. Es kann sogar sein, dass Du Appetit auf Nahrungsmittel bekommst, zu denen Du Dich früher „zwingen“ musstest.

Bei der Methode geht es darum, dass Du Deinen eigenen Weg und Deine eigenen Fähigkeiten entdeckst, die Dich schlank machen. Dass Du nicht außen nach Lösungen Deines Problems suchst, nach der x-ten Diät, nach den Wundertropfen oder sonstigen Patentlösungen, sondern dass Du selbst die Antworten entdeckst und danach lebst. Du wirst Dein eigener Experte werden und unabhängig und eigenverantwortlich Deinen Weg gehen können. Und das ist Dein ganz persönlicher Weg.

Mit meiner Methode wirst Du nicht nur mühelos abnehmen und schlank werden. Du wirst vor allem ohne jeglichen Zwang ein natürliches gesundes Essverhalten entwickeln und Dein Idealgewicht halten. Du wirst erstaunt sein, wie einfach diese Methode ist. Halte Dich an die Einfachheit dieser Methode und befolge die darin enthaltenen Anweisungen, damit Du schlank werden kannst.

Du kannst es schaffen, ganz gleich, ob Du 10 oder 70 Jahre alt bist, weiblichen oder männlichen Geschlechts - es liegt in Deiner Hand, alles zu verändern. Was Du auch bis heute versucht haben magst, jetzt ist es an der Zeit, etwas radikal Neues zu tun und an etwas Neues zu glauben. Nämlich an sich selbst und seine körpereigenen Funktionen.

„Für mich ist es eine ehrenvolle Aufgabe Menschen zu helfen. Es erfüllt mich mit großer Zufriedenheit und verschafft mir ein gutes Gefühl, wenn jemand mit meiner Unterstützung Erfolg hat.“

Dein Reza Hojati

Nun viel Freude beim Lesen!

Ist **abnehmen** ohne Diät und Sport überhaupt möglich?

Dieses Buch zeigt Dir wie`s geht!

Bevor Du mit diesem Buch weitermachst, stelle Dir bitte folgende Fragen:

- ✓ Würdest Du gerne langfristig abnehmen wollen und möchtest Du mit Deinem Körper glücklich und zufrieden sein?

- ✓ Möchtest Du dauerhaft abnehmen, schlemmen und Dein Gewicht halten?

- ✓ Brauchst Du neuen Aufschwung, eine neue Inspiration, ja eine neue Vision hin zu Deinem Wohlfühlgewicht?

- ✓ Möchtest Du aus Deinen festgelegten Verhaltensmustern aufwachen und es wirklich schaffen?

- ✓ Hast Du es noch nicht aufgegeben und hältst an Deiner Vision von Deinem schlanken Leben fest?

Dann pass bitte auf. Denn in diesem Buch wirst Du endlich erfahren, was der wahre, tatsächliche Grund für einen schlanken - oder einen dicken Körper ist.

Essen war nie Dein Problem!

Wenn Du immer noch glaubst, Essen sei Dein Problem, dann wirst Du niemals, ich wiederhole niemals dauerhaft abnehmen, schlank und glücklich mit Deinem Körper werden.

Verändere Deine Figur in wenigen Tagen mit diesem Buch!

In diesem ausführlichen Buch werde ich all Deine Fragen beantworten. Ich erzähle Dir, warum Du noch nicht schlank bist und worauf es beim Abnehmen und schlank werden wirklich ankommt. Ich werde Dir erzählen wie Du ganz leicht und mühelos Gewicht reduzieren und dabei essen kannst, was Du möchtest.

Du wirst den Unterschied zwischen Deinem Kopf-Hirn und Deinem Bauchhirn kennenlernen und verstehen, warum Dein Kopf-Hirn Dich dicker macht und Du darum lieber auf Dein Bauchhirn hören solltest.

Du wirst erfahren, wie Du Körpergewicht reduzieren kannst, ohne dabei eine Diät machen zu müssen oder ins Fitnessstudio zu gehen. Ja, Du hast richtig gelesen.

Ich verrate Dir wie all das möglich ist. Also was meinst Du, bist Du bereit für ein neues, schlankes Leben, für Deinen schlanken Körper, Deinen großen Durchbruch?

Dann kannst Du hier weiterlesen und verstehen, warum Du selbst alle Fähigkeiten in Dir hast, um die gewünschte Figur zu erreichen, die Du immer haben wolltest. Mit diesem Buch, kannst Du Deine inneren Kräfte aktivieren und Dein Unbewusstes dazu nutzen, Dich schlanker werden zu lassen.

Schlanksein beginnt im Kopf und nicht auf der Waage!

Wenn es im Kopf klick macht, dann macht es auch Klick auf der Waage. Besonders intensiv und tiefgründig, für eindrucksvoll sichere und natürlich langfristige Ergebnisse!

TRANCE-formiere Dich in ein neues, schlankes Leben!

Kennst auch Du Menschen, die scheinbar essen können, was sie möchten und trotzdem schlank bleiben? Ich meine damit nicht die super schlanken Models, die ihre Figur einer Magersucht oder Tablettenabhängigkeit verdanken, sondern die Menschen, die auf natürliche Weise schlank sind. Genau die Personen, die auch Du in Deinem Umfeld kennen müsstest, die allerdings viele beneiden.

Vor Jahren habe ich mir auch genau diese Frage gestellt und wollte wissen: „Warum es Menschen gibt, die scheinbar essen können, was sie möchten und trotzdem schlank bleiben. Die machen ja auch nicht ständig Diäten oder ernähren sich nur von Luft und Äpfeln. Während andere eine Diät nach der anderen machen und ständig auf ihre Lieblings Speisen verzichten - ohne langfristigen Erfolg!

Herzlichen Glückwunsch! Du bist gerade dabei, das wahre Geheimnis über erfolgreiche Gewichtsreduktion herauszufinden. Nach jahrelanger Forschung kann ich Dir heute diese Frage erfolgreich beantworten.

Ich verrate Dir...

- ✓ Warum Du noch nicht schlank bist
- ✓ Warum Diäten scheitern müssen
- ✓ Weshalb Diäten Maßnahmen sind, damit Du immer dicker wirst, anstatt schlank
- ✓ Weshalb Essen nichts mit Deinem Übergewicht zu tun haben kann
- ✓ Warum es beim Abnehmen nicht darauf ankommt, was Du isst, sondern weshalb und wie Du isst
- ✓ Und wie Du langfristig und ohne Diät abnehmen kannst

Traditionelle Methoden arbeiten mit Disziplin, Verzicht und Reglementierung, also rational. Das Essen steht im Vordergrund und genau deshalb können diese Methoden auf Dauer nicht funktionieren. Sie sind nicht alltagstauglich und stellen einen Widerspruch zu unserer Evolution dar. Das Problem dabei ist, dass man sich permanent kontrollieren muss und auf die Inhaltstoffe und das was man zu sich nimmt achten soll.

Vor allem die Zusammensetzung der Speisen machen die Abnehmwilligen handlungsunfähig. Da die Abnehmwilligen sich sehr stark auf das was sie essen konzentrieren müssen, sich zurückhalten und reglementieren, sind sie häufig frustriert. Manche verlieren die gute Laune schon beim Abnehmen und die Lust am Leben und andere resignieren, geben es auf und finden sich mit ihrem Körpergewicht ab, bevor sie glücklich und zufrieden sind.

Diese Methoden sind nicht erfolgsversprechend, und überfordern die Abnehmwilligen. Sie schaffen Frustration und Stress. Das nächste Problem bei den rationalen Methoden ist der Focus. Die meisten Übergewichtigen richten ihren Focus auf das Abnehmen und nicht - dick sein - wollen. Das hindert sie daran vorwärts zu kommen. Und genau deshalb schaffen es viele nicht, das mit Disziplin abgenommene Körpergewicht zu halten.

Die Schlankness Methode dagegen nutzt die Fähigkeiten der von Natur aus schlanken Menschen und programmiert das Unterbewusste der Übergewichtigen auf einen schlanken Körper. D.h. im Gehirn sind etliche Ursachen für das Übergewicht gespeichert, z.B. Essen aus emotionalen Gründen, den Teller leer essen usw. Mit der Schlankness Methode kann das beeinflusst werden.

Durch die Umprogrammierung des Unterbewussten auf einen schlanken Körper verfestigen sich die gesunden Verhaltensmuster. Nur über entgegengesetzte Informationen, die das alte Programm dauerhaft überschreiben, kann der Übergewichtige schlank werden und ein bleibender Erfolg ist sicher.

Stelle Dir bitte einmal vor, dass Dein Gehirn wie ein Computer funktioniert, der Dein Denken, Fühlen sowie Verhalten steuert. Du hast die Möglichkeit Deine Festplatte vom „dick sein" auf „schlank sein" umzuprogrammieren und entwickelst ein neues gesundes und schlankes Körperschema. So wirst Du in Kontakt mit dem Schlanksein-Gefühl kommen und schaffst Dir damit alle Voraussetzungen für ein entsprechendes Schlanksein-Verhalten. Du wirst dann ganz leicht an Körpergewicht abnehmen können, weil sich Deine Einstellung zum Essen positiv verändert hat und Du wirst Dich dabei wohlfühlen.

Du entfaltest dabei eine positive Einstellung zum Essen und wirst positiver über Dich selbst denken. Denn erst ein „schlank" denkendes Gehirn, mit einem schlanken Körperschema, kann dem Körper „schlanke" Verhaltensweisen zuführen.

Dafür werden keine Diäten oder Pulverkuren benötigt. Was einzig und allein zählt, ist, dass Du bereit bist einen neuen Weg einzuschlagen. Mit Hilfe von Schlankness wird Dir auf eine gesunde Art und Weise beigebracht, das natürliche Körper- und Essgefühl wiederzuerlangen. Dein Bauchgefühl sagt Dir was und wie viel Du essen sollst.

Weshalb Dir das Abnehmen schwer fällt und Dich frustriert

Du hast bisher wahrscheinlich nur mit strikten Diäten versucht abzunehmen. Aber Du sollst, wenn Du zum Abnehmen eine Diät einhältst, nicht dann mit dem Essen aufhören, wenn Du satt bist, sondern sobald eine bestimmte Kalorienzahl erreicht wurde.

Durch solche Maßnahmen wird aber meist auch der letzte Rest der natürlich gesteuerten Hunger- und Sättigungsempfindung durcheinander gebracht. Doch eigentlich werden Empfindungen wie Hunger- und Sättigungsgefühl von Deinem Körper selbst gesteuert, da es vegetative und somit unbewusste Funktionen sind. Diese Empfindungen müssen nach Diäten erst wieder spürbar gemacht werden.

Da es aber unbewusste Funktionen sind, können Diäten auf Dauer nicht funktionieren, weil Du Dich bewusst entschieden hast, gegen Deine Evolution zu arbeiten. Nach einer bestimmten Zeit der Enthaltsamkeit wirst Du wieder auf Dein unterbewusst gelerntes Essverhalten zurückfallen. Du wirst wieder zu essen beginnen und dieses Mal mehr, gieriger und unkontrollierter als vorher.

Zugleich geht durch Diäten und erlerntes Essverhalten auch Deine körperliche Wahrnehmung, wie Hunger und Sättigungsgefühl verloren. Durch Diäten und Erziehungs- maßnahmen hast Du gelernt zu essen, obwohl Du keinen Hunger hast. Deshalb essen viele mehr als ihr Körper braucht. Du kannst nicht mit dem Essen aufhören, obwohl Du schon längst satt bist. Und beides, die Diäten und Deine Gewohnheiten sabotieren dann Deinen Abnehmversuch mehr, als dass sie dabei helfen würden.

Viele **Diäten taugen nicht** viel und sind auch noch ungesund

„Würde nur eine der populären Diäten langfristig funktionieren, warum gibt es dann so viele davon."

Mittlerweile ist es bekannt, auch, wenn diese Information noch nicht bei allen angekommen ist, dass Diäten, Abmagerungskuren, Kalorien und Punkte zählen keinen langfristigen Erfolg darstellen. Ganz im Gegenteil.

Denn überlege kurz: *Würde nur eine der populären Diäten langfristig funktionieren, gäbe es nicht so viele davon.*

Viele Betroffene bestätigen außerdem, dass sie erst nach ihren Abnehmversuchen durch die rigorose Einschränkung der Nahrung regelrechte Fressanfälle bekamen. Daher ist es sehr problematisch, wenn Personen, die abnehmen möchten, ständig bewusst versuchen ihre Nahrung zu reduzieren, Diät zu halten und Kalorien zu zählen.

Denn wie sich zeigt, wer auf sein Lieblingsessen verzichtet, entwickelt eine zwanghafte Einstellung zum Essen. Diese zwanghafte Einstellung zum Essen bleibt nach einer Diät bestehen und man isst nachweislich mehr als vorher. So ist der JoJo-Effekt mehr als vorprogrammiert, und manchmal sogar im Sinne der Diät, damit Du immer weiter mit ihr versuchst Dein Gewicht zu reduzieren.

Hinzu kommt, dass meist schon während der Diät Dein Selbstbewusstsein gelitten hat. Du bist frustriert, weil Du wieder nicht in Deinem Kalorienrahmen geblieben bist oder Dein Wochenziel auf der Waage noch Lichtjahre entfernt scheint, obwohl Du Dich eisern an die Vorgaben gehalten hast. Das Diätprogramm glaubt dagegen an sich und sucht die Schuld dafür bei Dir.

All das nagt an Deinem Selbstbewusstsein, doch kommt das nach einer Diät leider mit Deinen Pfunden nicht wieder zurück. Und nun manifestiert sich in Deinem Unterbewusstsein ein Satz: "Ich schaffe das eh nicht!"

Dieser Satz strahlt dann in alle Lebensbereiche aus und wird, besonders bei Diäten, zu Deiner selbsterfüllenden Prophezeiung. Ich spreche mich sehr deutlich gegen Diäten aus und möchte mit Dir zusammen diesen Teufelskreis durchbrechen.

Eine Studie beweist die Auswirkung einer Hungerszeit

Der Biologe Ancel Keys hat im Jahre 1950 erforscht, wie sich Menschen verhalten und welche physischen und mentalen Auswirkungen es hat, wenn sie hungern. Er fand heraus, dass die Reduzierung der Nahrungsaufnahme bis zu einem Zustand des leichten Hungerns bestimmte Symptome hervorruft.

Die Diät im Zustand des Hungers bestand im Durchschnitt aus 1.570 Kalorien pro Tag. Das sind weit mehr Kalorien als heute bei vielen der unzähligen Diäten, die zurzeit auf dem Markt sind. Dabei wollte Keys herausfinden, wie sich Menschen verhalten, wenn sie hungern.

Er fand zum Beispiel heraus, dass eine Reduzierung der Nahrungsaufnahme bis zu einem Zustand des Hungerns körperliche, psychische und emotionale Symptome hervorrief. Zu den körperlichen Veränderungen gehörten, dass die Teilnehmer an Muskelumfang und Herzvolumen abnahmen. Der Grundumsatz und der Energieverbrauch reduzierten sich bis zu 40 Prozent.

Das Experiment zeigte auf, dass die Teilnehmer an körperlicher Ausdauer abnahmen, Lustlosigkeit, Trägheit trat ein und die sexuellen Funktionen nahmen ab. Dabei veränderte sich auch ihre Persönlichkeit. Die Reizbarkeit und Übellaunigkeit stiegen an. Sie fühlten sich unfähig, am täglichen Leben teilzunehmen, und verloren an Konzentration.

Sie wurden ungeduldig und ein zwanghaftes Verhalten in Bezug auf Nahrung, wie zum Beispiel lügen, horten und stehlen, zeichnete sich ab. Das Interesse am Essen stieg, es wurde hauptsächlich über Essen geredet.

Die Teilnehmer verbrachten viel Zeit damit, Rezepte zu sammeln. Abneigungen gegen Speisen verschwanden. Sie aßen bis zum letzten Krümel alles auf und leckten ihre Teller ab. Noch erstaunlicher war, dass drei Monate nach dem Ablauf des Experiments die zwanghafte Einstellung zum Essen bestehen blieb.

Nagende Hungergefühle traten viel intensiver auf als je zuvor. Während der ersten 12 Wochen war der Appetit unersättlich.

Vielen fiel es schwer, mit dem Essen aufzuhören, obwohl sie bis zum «Platzen vollgestopft» waren. Sie leckten weiterhin ihre Teller ab. Nachdem die Beschränkungen aufgehoben worden waren, aßen die Menschen im Durchschnitt bis zu 200 Prozent mehr als vorher und naschten oft. Dabei setzten die Personen rasch Fettgewebe an, weiche Rundungen prägten ihr Aussehen.

Warum Essen nie **Dein Problem** war

Du dachtest bisher wahrscheinlich immer, dass Essen Dein Problem war. Du hast Diäten gemacht, Dein Essverhalten angepasst, Kalorien gezählt, Salate und Gemüse gegessen oder gar eine Nulldiät gemacht. Du hast permanent gedacht Schokolade sei schlecht, Eis sowieso und wenn Du die Chipstüte aufmachst, nimmst Du alleine vom Geruch zu.

Was ist, wenn ich Dir sagen würde, dass das, was Du isst gar nicht das Problem ist? Dass Du immer noch Schokolade essen kannst, dass Pommes Dich nicht umbringen und auch Pizza, Pasta und Burger auf Deinem Speiseplan stehen dürfen?

Die meisten Menschen glauben, dass man nur abnehmen kann, wenn man sich strikt an Diätvorgaben hält. Dass man Kalorien zählen muss, abends keine Kohlenhydrate essen sollte oder Salat jeden Tag auf dem Speiseplan stehen sollte.

Diese Herangehensweise entspricht aber gar nicht unserer Natur. Kohlenhydrate haben keine Ahnung wie spät es ist und Kalorien zählen, macht uns auf Dauer nur irre. Natürlich führt ein Kaloriendefizit zwangsläufig zur Gewichtsabnahme, aber die Anstrengung und die damit verbundenen psychologischen Konditionierungen, machen die Meisten auf Dauer unglücklich und führen ziemlich schnell zu Rückschlägen.

Die meisten Menschen, die schon mal eine Diät gemacht haben, berichten sehr oft, dass sie nach so einer Selbstreglementierung mehr essen und ihr Verlangen nach Süßigkeiten stärker ist als vorher.

Essen war also nie Dein Problem. Dein Problem ist etwas
ganz anderes. Die Art und Weise wie Du gelernt hast zu
essen. Wie Du mit Deinem Körper und Deinem
Essverhalten umgehst. Und die damit verbundenen
Programmierungen Deines Gehirns, sind das Problem.

Anhand dieser Programmierungen in Deinem
Unterbewusstsein triffst Du aus Gewohnheit Deine
Essentscheidungen. D.h. was, wann, warum und wie viel
Du isst – sind aktuell Deine unbewussten
Programmierungen, die Du aus der Vergangenheit bzw.
aus der Kindheit gelernt hast.

Essen ist also mit Situationen, Menschen, Gefühlen und
vielen anderen Dingen verbunden und bestimmen somit
Deine Essgewohnheit im Alltag. Diese unbewusste
Programmierung beeinflusst Dich und bestimmt zu 99%
Deine Ess-Entscheidungen und somit auch Dein Ess-
Verhalten.

Nun versuchen die meisten mit dem Rest des
Bewusstseins und der Willenskraft, was gerade mal 1%
ausmacht, die Kontrolle über ihr Essverhalten
zurückzugewinnen. Und daran scheitern die meisten. Das
ist auch der Hauptgrund, warum man die besten
Jahresvorsätze nicht durchhält.

Es hilft auch keine Willensanstrengung, Selbstmotivation
oder irgendwelche Affirmationen, wenn der Ansatz, der
falsche ist. D.h. Du investierst viel zu viel Arbeit im
Vergleich zu dem was Du an Resultaten bekommst.

Es gibt aber eine Möglichkeit, wie Du Dein
Unterbewusstsein auf schlank programmieren, Deine
Essgewohnheit verändern und Deinen emotionalen
Hunger transformieren kannst. Hier sprechen wir von
systematischen TRANCEFORMATIONs Übungen, die Dich
befähigen, all das zu erreichen.

Genau dazu möchte ich Dich einladen. Wenn Du von herkömmlichen Abnehm-Methoden genug hast, und Du keine weiteren Diäten machen möchtest und Dich nicht ständig belehren lassen willst, was, wann und wie viel Du essen solltest, dann ist es für Dich Zeit einen völlig neuen Weg zu gehen. Lese also weiter.

Oft essen wir zu häufig über unseren Hunger hinaus. Wir essen nicht eine Handvoll Chips, sondern gleich die ganze Tüte. Die Portion Pommes ist nicht die normale, sondern die extragroße und im Kino muss auf jeden Fall der Jumbo Eimer Popcorn mit rein, weil die normalen Portionen ja viel zu klein sind.

DAS eigentliche Problem ist also, die falsche Beziehung, die wir zum Essen entwickelt haben. Wir haben unser Verständnis für den Körper verloren. **Wir wissen nicht mehr, wann wir Hunger haben und wann wir satt sind**. Die meisten Menschen essen aus emotionalem Hunger und nicht, weil sie hungrig sind.

Wichtig ist hierbei, dass wir wieder ein Verständnis dafür bekommen, welche Signale unser Magen sendet. Ob wir wirklich Hunger haben oder nur aus emotionalen Gründen essen. Viele Dinge sind vielleicht schon zur Gewohnheit geworden. Wir haben uns daran gewöhnt im Kino Popcorn oder Nachos zu essen, weil wir das immer mit unseren Eltern durften oder grade dann nicht und es uns im Nachhinein angewöhnt haben.

Diese tagtäglichen Muster und Verhaltensweisen sind konträr zu unseren Körpersignalen. Wenn unser Magen Hunger hätte würden wir dies merken. Meistens nehmen wir in solchen Situationen, aber gar keinen Hunger wahr.

Wir nehmen nur den Appetit oder das Bedürfnis wahr, etwas essen zu wollen. Der eigentliche Hunger existiert aber nicht.

Wenn Du also weißt, wann Du Hunger hast und auch nur in solchen Momenten Nahrung zu Dir nimmst, dann hast Du die Hauptschwierigkeit schon überwunden. Denn das, was Du isst, ist nicht das große Problem. Dein Körper signalisiert Dir, wann er satt ist und ob das Essen, was Du ihm grade zuführst gesund ist oder nicht.

Denn oft signalisiert Dir Dein Körper auch, wenn die Nahrung unangenehm für ihn ist. Wenn Du Dir einmal vorstellst eine Pizza zu essen. Wie diese sich in Deinem Mund anfühlt und wie es wäre, wenn sie die nächsten paar Stunden in Deinem Magen verweilt. Wie würde sich das anfühlen? Leicht oder schwer?

Für die meisten wäre es eher ein schweres Gefühl. Nicht sonderlich angenehm. Wenn Du nun aber einen frischen Salat mit Scampis oder Hähnchenbrust isst und Dir ebenfalls vorstellst dieser würde ein paar Stunden in Deinem Magen verweilen. Wie würde sich das anfühlen? Leicht oder schwer? Viele antworten darauf mit leicht.

Und genau das ist der Punkt. Dein Körper weiß, was gut für ihn ist. Er sendet Dir diese Signale. Ein paar Chips fühlen sich gut an. Nach einer ganzen Tüte aber, ist Dir schlecht und Du fühlst Dich nicht mehr gut. Lerne die Signale Deines Körpers wahrzunehmen und so zu handeln, wie es gut für Deinen Körper ist.

Denn Essen ist nicht Dein Problem. Es sind die Verhaltensmuster, die Du sonst an den Tag legst und womit Du Deinen Körper austrickst, um ihm überschüssige Nahrung zuzuführen. Schlankness setzt genau da an. Mit dieser Methode ist es ganz einfach. Sie arbeitet mit Deinem Unterbewusstsein, damit Du die festgelegten Verhaltensmuster ablegen kannst und frei davon mit Deinem Körper agieren kannst.

Dass die Diäten nicht dauerhaft funktionieren können, wissen wir schon längst. Aber wie kommt es denn nun, dass immer noch viele Menschen eine Diät nach der anderen machen, verzichten oder versuchen sich gesund zu ernähren, wenn es um Abnehmen geht.

Ich glaube, das Problem liegt darin, weil die alte Lehrmeinung der Überzeugung ist - Essen sei das Problem und sich mit dem Symptom, in diesem Fall Übergewicht, beschäftigt und nicht mit der Ursache des Problems bzw. die Entstehung des Problems.

Deshalb wird ständig versucht, das Problem „Übergewicht" mit Essen zu regulieren.

Meiner Meinung nach sollte man endlich damit aufhören bei den Übergewichtigen nach Fehlern zu suchen. Ihnen das Essen zu verbieten, sie zu zwingen anders zu essen als sie es gewohnt sind oder den Sport als das Geheimnis für eine schöne und schlanke Figur zu machen.

Ich bin eher davon überzeugt, dass wir uns mehr damit beschäftigen müssen, was die von Natur aus schlanken Menschen anders machen und wie sie es schaffen schlank zu bleiben, während sie essen können was sie wollen.
> Also Vorbilder schaffen.

Was ich aber mit von Natur aus schlanke Menschen meine, sind die Menschen, die ihre Figur weder einer Diät, Tabletten, noch viel Sport verdanken. Die Menschen, die natürlich schlank sind und eine gesunde, natürliche Ess- und Körperbeziehung haben.

Warum bist Du noch nicht schlank?

Die moderne Hirnforschung und die neuesten Erkenntnisse der Ernährungswissenschaften belegen, dass nicht die einzelnen Lebensmittel und die Speisen dafür verantwortlich sein können, ob Du zu- oder abnimmst. Man hat herausgefunden, dass das Rätsel zu einer langfristigen Gewichtsreduktion andere Gründe haben muss, als Experten bisher angenommen haben.

Es sind in erster Linie Deine Gewohnheiten, das Essen aus emotionalen Gründen und Deine Gedankenprogrammierungen, die darüber entscheiden, ob Du leicht und mühelos abnimmst oder nicht.

Also, warum bist Du noch nicht schlank? Meiner Erfahrung nach gibt es fünf Grundmuster, die viele Abnehmwillige daran hindern, glücklich und zufrieden mit ihrem Idealgewicht zu leben. Wenn ich Dir diese Grundmuster gleich erkläre, möchte ich, dass Du Dir die Frage stellst, welches auf Dich zutrifft.

1. Die falsche Annahme, nur durch Diät und Verzicht abnehmen zu können.

Ich habe in den zwei Jahrzehnten, in denen ich als Ernährungsberater tätig war, viele Klienten beobachtet, die mit einer Diät abgenommen haben und dann damit kämpften, ihr neues Gewicht zu halten. Es hat mich immer erstaunt, dass übergewichtige Personen glaubten, über einen längeren Zeitraum hinweg mit weniger als 400 Kalorien am Tag auskommen zu können. Die traurige Wahrheit ist, dass die meisten von ihnen schnell wieder zunahmen, bis sie ihre unter großen Entbehrungen verlorenen Pfunde wieder auf der Hüfte hatten.

2. **Essen aus emotionalen Gründen, wie
    Langeweile oder Frust.**

Ich bin davon überzeugt, dass nach den
Abmagerungskuren das Essen aus emotionalen Gründen
die Hauptursache für Übergewicht ist. Oft essen
Menschen, weil sie Langeweile haben, sich einsam, elend
oder müde fühlen oder aus welchen emotionalen
Gründen auch immer – keiner dieser Gründe hat etwas
mit physischem Hunger zu tun.

Wenn Du aus emotionalem Hunger isst, wirst Du niemals
durch Nahrung satt werden. Aus diesem Grund fühlen
sich viele Menschen niemals satt und sie bekommen nicht
das Signal, mit dem Essen aufzuhören, weil sie in
Wirklichkeit nach emotionaler Erfüllung hungern.

3. **Die Art, wie Du isst bzw. wie Du gelernt hast
    zu essen.**

Viele von uns haben gelernt schnell zu essen und somit
schlingen die meisten das Essen in sich hinein ohne dabei
mitzubekommen, dass sie essen. Das Essen wird
ungenügend gekaut hinuntergeschlungen. So können die
Signale des Sättigungsgefühls vom Körper gar nicht
wahrgenommen werden, und man bemerkt nicht, wenn
man genug Nahrung aufgenommen hat.

**Wer langsam isst und gründlich kaut, wird früher
satt.**

Die Forscher von der Universität Rhode Island in
Kingston (USA) zeigten, dass Frauen, die eine Mahlzeit
langsam verzehrten, früher satt waren als Frauen, die das
gleiche Gericht schnell aßen. Einmal waren die Frauen
angewiesen, einen Teller Pasta so schnell aufzuessen,
dass es für sie gerade noch angenehm war.

Ein zweites Mal sollten sich die Frauen beim Verzehr der gleichen Portion bewusst Zeit lassen, das Besteck zwischen den Bissen weglegen und jeden Bissen 20- bis 30-mal kauen.

Die langsam essenden Probandinnen nahmen in der Summe nicht nur weniger zu sich: Sie fühlten sich nach der Mahlzeit auch satter und berichteten von größerem Genuss als die Schnellesserinnen.

Einerseits, erklären die Wissenschaftler, signalisiere der Körper bei langsamem Essen früher, dass er satt ist. Andererseits würden bei zelebriertem und bewusstem Speisen der Geschmack und das Aroma des Gerichts von den Essenden besser und intensiver wahrgenommen.

4. Die falsche Programmierung des Unbewussten, wie z.B. den Teller immer leer zu essen oder Essen nicht wegwerfen zu können.

Du hast Dir einfach ein paar unproduktive Gewohnheiten zugelegt, die von Deinem Gehirn gesteuert werden. Viele meinen z.B. erst satt zu sein, wenn der Teller leer gegessen ist. Hast Du erst einmal gelernt, Dein Bewusstsein selbst zu steuern, wirst Du genauso einfach neue Denk- und Handlungsweisen entwickeln, die Deinen Erfolg garantieren.

5. Die falsche Fokussierung des Zieles.

Viele konzentrieren sich darauf, nicht dick sein zu wollen, anstatt sich auf das »Schlankseinwollen« zu fokussieren. Du kannst nur erreichen, was Du auch klar kommunizierst. Dein Zielbild ist entscheidend dafür, ob Du schlank wirst und auch schlank bleibst.

Wie entsteht also Dein Essverhalten?

Nun lass uns der Frage nachgehen, wie Dein Essverhalten entstanden ist? Die Antwort ist einfach. Dein Verhaltensmuster besteht hauptsächlich aus Informationen oder Programmierungen aus der Vergangenheit, insbesondere im Kindesalter.

Du wurdest nicht einfach mit Deiner Einstellung zum Essen oder einem Hang zum Übergewicht geboren. Es wurde Dir beigebracht, wie Du über Essen denken und wie Du essen sollst. Das Problem dabei ist, dass die meisten von uns den Umgang mit dem Essen von Leuten gelernt haben, die darin selbst nicht sehr gut waren.

Dein Verhältnis zum Essen wurde konditioniert durch das, was Du gelernt hast. Von den Eltern, den Geschwistern, von Freunden, Lehrern und so weiter.

Stell Dir nun einmal vor, dass Dein Geist nichts weiter als ein riesiger Aktenschrank ist. Deine Gedanken stammen aus den Informationen, die Du dort abgelegt hast. Als Ergebnis Deiner Konditionierung und allem was Du je in Bezug auf Essen gelernt hast. So, wie ein Bauplan das Aussehen eines Hauses bestimmt, so bestimmt Dein festgelegtes Gedankenmuster Deine Beziehung zum Essen und zu Nahrungsmitteln. Es kombiniert Deine Gedanken, Deine Gefühle und Deine Handlungen.

Unsere Konditionierung geschieht auf drei Arten. Das gilt für das Essen und jeden anderen Lebensbereich.

Erstens: Programmierung durch Sprache. Was hast Du gehört als Du klein warst? **Zweitens:** Nachahmung. Was hast Du gesehen als Du jung warst? Und **drittens:** besondere Erlebnisse. Was hast Du als Kind in Bezug auf Nahrung erlebt?

Lass uns über die erste Art sprechen, die Programmierung durch Sprache. Sicher Kennst Du auch Sprüche,
wie: „Iss den Teller leer, damit Du groß und stark wirst."
Oder: „Das kleine Bisschen kannst Du auch noch essen."
Oder: „Frühstück ist die wichtigste Mahlzeit am Tag."
Alles Aussagen über Essen, die Du als junger Mensch
gehört hast, stecken noch in Deinem Unbewussten, als
Teil Deines Nahrungs- Verhaltensmusters. Ohne dass Du
daran denkst, bestimmen solche Aussagen ganz
automatisch über Dein Gewicht. Du befolgst Deine Muster
und verhältst Dich entsprechend.

Die zweite Art der Konditionierung ist die des
Nachahmens. Es gibt den alten Spruch, wie der Herr, so's
Gescherr. Im Allgemeinen verhalten wir uns genau wie
ein oder wie eine Mischung aus beiden Elternteilen, wenn
es ums Essen geht. Die Frage ist also welches Verhältnis
hatten Deine Eltern während Deiner Kindheit zum Essen.

Durftest Du Essen stehen lassen oder musstest Du alles
aufessen? Hast Du essen dürfen, was Du wolltest und
wann Du wolltest oder hat man Dir die Menge
vorgeschrieben? Gab es Essen als Belohnung und galt es
als Genuss oder sich etwas Gutes zu tun?

Wie Deine Antworten auch aussehen, Du machst es so
wie Deine Eltern oder Großeltern, manchmal auch genau
das Gegenteil. Nun was meinst Du? Warum verhält man
sich genau anders? Das kommt darauf an, wie wütend Du
auf Deine Eltern warst oder wie Deine Lebenssituation
aussah.

Kommen wir nun zur dritten Art, die besonderen
Erlebnisse. Was hast Du als junges Kind im Bezug zum
Essen erlebt? Diese Erfahrungen sind extrem wichtig,
denn sie bestimmen die Glaubensmuster oder eher die
Illusionen, die Du heute hast. Verbindest Du auf Grund

Deiner Erfahrungen Essen mit Schmerz oder eher mit Freude, mit Sicherheit oder mit Freiheit? Wie Deine Assoziationen auch aussehen, diese haben die Macht überall Deine Ess-Entscheidungen bis zum Ende Deines Lebens. Es sei denn, Du veränderst Dein Ess-Verhaltensmuster, die Du in Dir abgespeichert hast.

Und das ist exakt das, was bei 1000en Menschen jedes Jahr geschieht, auf tiefer und dauerhafter Ebene. Das Training und der richtige Umgang mit Deinem Geist ist die aller wichtigste Fähigkeit, die Du je erwerben kannst, wenn es um Abnehmen, Glück und Erfolg geht.

Wie sieht nun Dein Essverhaltensmuster aus? Bist Du auf Kampf oder auf Leichtigkeit programmiert? Du fragst Dich, wie Du das erkennst? Ganz einfach, wie sind Deine Ergebnisse? Wie ist Dein Gewicht? Bist Du schon schlank oder machst Du noch Diät? Verzichtest Du und versuchst dadurch Körpergewicht zu reduzieren oder zu halten? Machst Du wieder eine Suppendiät, Brigitte Diät oder zählst Du Kalorien und Punkte? Oder isst Du nach Deinem Bauchgefühl und bist schon schlank? Arbeitest Du hart und lange für Deinen schlanken Körper, oder genießt Du das Essen und bist frei? Gehst Du zum Sport um abzunehmen oder verzichtest Du auf Deine Speise, weil Du mehr gegessen hast als Du solltest?

Jede Deiner Antworten wird von Deinem Verhaltensmuster bestimmt. Und leider behalten die meisten ihr Essverhaltensmuster ihr Leben lang, solange sie es nicht erkennen und verändern.

Wie Abnehmen möglich sein soll?

Grundsätzlich ist gesund und langfristig abnehmen keine Hexerei und funktioniert mit Schlankness doch wie von Zauberhand. Dafür benötigst Du nur einige Werkzeuge, die Schlankness Dir an die Hand gibt. Im Grunde lässt sich die Methode aber auf einen Nenner herunter kürzen, der im Folgenden noch etwas ausgestaltet werden soll. Denn die goldene Regel bei Schlankness lautet:

Essen wie von Natur aus schlanke Menschen.

Ok. Was ist nun das Geheimnis der von Natur aus schlanken Menschen? Das Geheimnis der von Natur aus schlanken Menschen ist nicht Verzicht oder Verbote, sondern ihr noch funktionierendes Hunger- und Sättigungsgefühl, welches vegetative Funktionen sind und vom Gehirn unbewusst gesteuert werden.

Ganz einfach, die von Natur aus schlanken Menschen essen, wenn sie echten Hunger verspüren und hören auf zu essen, sobald sie zufrieden satt sind. Sie treffen von innen heraus und unbewusst eine Entscheidung darüber, was, wann und wie viel sie essen möchten. Dabei reguliert ihr Körper automatisch die Menge an Nahrung, die ihr Körper wirklich braucht.

Sobald sie ihren echten körperlichen Hunger gestillt haben, hören sie ohne Mühe mit essen auf. Der Körper reguliert die Nahrungsaufnahme von selbst. In jedem Menschen gibt es eine natürliche Appetitsteuerung, die grundsätzlich dafür sorgt, dass jeder selbst die richtigen Ess-Entscheidungen für seine Ernährung treffen kann und dabei gesund bleibt. Weder unser Ratio-Verstand noch irgendein Ernährungsberater kann Nahrung besser einschätzen als der eigene Körper.

Hier unterscheidet man zwischen einem Kopf-Hirn und einem Bauch-Hirn. Jenes Hirn in der Darmwand entwickelte sich viel früher als das Gehirn im Kopf. Daher versorgt uns unser Bauch von jeher instinktiv mit Hungergefühlen und reguliert die Nährstoffversorgung, um zu überleben. Es bedarf also keinerlei Befehle von unserem Bewusstsein oder dem rationalen Verstand.

Die einfachste und schnellste Möglichkeit zu einer dauerhaften Gewichtsreduktion ist, neue Gewohnheiten zu entwickeln, die Dich befähigen die Kontrolle über Dein Essverhalten zurück zu gewinnen. Wir wollen eine Veränderung aus dem tiefen Inneren heraus erreichen und nicht wie Diäten im Außen nach Lösungen suchen.

Wir haben unsere Essgewohnheiten durch Imitation gelernt. Imitation ist der natürlichste Weg des Lernens und somit auch der leichteste und effektivste. Er ist genetisch in uns verankert. Das ist auch der Grund dafür, dass die von Natur aus schlanken Menschen als Grundlage für diese Methode dienen.

Nur gute Vorbilder garantieren, dass Du langfristig schlank bleibst. Deshalb ist es für Dich so wichtig, dass Du Dir die von Natur aus schlanken Menschen als Grundlage nimmst und diese imitierst, anstatt sich mit den Übergewichtigen zu beschäftigen oder von ihnen Ratschläge einholen.

Dein Körper ist klüger als jede noch so raffinierte Diät der Welt

Du musst wissen, dass Dein Körper klüger ist als jede noch so raffinierte Diät der Welt. Und je mehr Du auf Deinen Körper hörst und seine Signale wahrnimmst, umso leichter kannst Du auf ihn reagieren und gewinnst die Kontrolle über Dein Essverhalten. Wäre das nicht herrlich, wenn Du die Kontrolle über Dein Essverhalten zurückgewinnst?

Hier nun die einfachen Schritte für ein natürliches und gesundes Essverhalten.

1. Beginne zu essen, wenn Du echten Hunger verspürst. Die meisten Menschen essen nur zu bestimmten Mahlzeiten und nicht, weil sie hungrig sind.

Sehr viele halten ihr Hungergefühl aus, obwohl sie ganz entspannt essen könnten, weil sie ein bisschen Hunger verspüren. Aber nein, stattdessen machen sie ihr Hungergefühl von der Uhrzeit abhängig. Wenn Du ständig mit einem Hungergefühl herumläufst, weil Du nicht isst, wenn Du Hunger hast, schaltet Dein Körper in ein Überlebensprogramm und Dein Stoffwechsel geht auf Sparflamme.

Du beginnst weniger zu verbrennen und stattdessen mehr Fett einzulagern. Wer sein Hungergefühl ignoriert, isst am Ende viel zu schnell und unkontrolliert. Das Sättigungsgefühl setzt viel zu spät ein und Du hast mehr gegessen als Du wirklich wolltest. Dies ist der Grund, warum schlanke Menschen viel essen können und trotzdem nicht dick werden. Weil sie nicht ständig mit einem Hungergefühl herumlaufen.

Daher lautet die erste Regel: Iss nur, wenn Du echten körperlichen Hunger verspürst.

Körperlicher Hunger meldet sich allmählich und nimmt langsam zu. Emotionaler Hunger hingegen überfällt Dich plötzlich in voller Stärke und kann im Gegensatz zum körperlichen Hunger nicht mit Essen gestillt werden.

Körperlicher Hunger steigt langsam an. Du bemerkst vielleicht, wie sich Dein Magen leicht zusammenzieht und Du ein Gefühl von Appetit verspürst. Dieses Gefühl nimmst du nicht im unteren Bauchbereich durch lautes Knurren wahr, wie viele glauben.

Du verspürst es ganz leise und sanft im Solarplexus Bereich, mittig unter dem Rippenbogen. In dieser Phase könntest Du was essen, bist aber auch wählerisch dem Essen gegenüber.

In dieser Phase wirst Du eine klügere Essentscheidung aus Deinem Bauch heraus treffen. Du fühlst Dich noch gut, bist konzentriert und hast die Kontrolle darüber was und wie viel Du essen kannst.

Wenn Du allerdings Deinen Hunger ignorierst, fühlst Du Dich wahrscheinlich benommen, müde oder gereizt. Je früher Du merkst, dass Dein Körper neues Brennmaterial braucht, desto einfacher kannst Du zwischen diesen beiden Signalen unterscheiden.

2. Esse, was Du möchtest und nicht das, was Du glaubst essen zu müssen.

Diese Regel ist von elementarer Bedeutung und befreit Dich von Deinem zwanghaften Essverhalten. Wenn Du Dir selbst verbietest, bestimmte Nahrungsmittel zu essen – meistens, weil man Dir erzählt hat, dass sie nicht gut für

Dich seien – störst Du das natürliche Geleichgewicht in Deiner Beziehung zu den Speisen. Anstatt sie weniger zu wollen, wird die verbotene Frucht immer verlockender.

Sobald Du beginnst Frieden mit dem Essen zu schließen und anfängst, auf die Weisheit Deines Körpers zu hören, wirst Du merken, wie sich die Anstrengung und Schuldgefühle legen. Der innere Kampf zwischen Deinem Verlangen und der Kontrolle, es sein zu lassen, löst sich auf und Du reagierst viel entspannter auf die Lebensmittel.

3. Genieße und kaue jeden Bissen bewusst.

Der erste Schritt zur Veränderung ist die Selbstbewusstheit: Mach Dir beim Essen bewusst, dass Du isst. Viele Menschen essen viel zu schnell, schaufeln sich das Essen in den Mund, ohne wirklich zu kauen oder zu schmecken. Schaue Dir beim Essen zu.

Du bekommst so Deine Eigenmacht zurück und kannst wieder aufhören, wenn Du zufrieden satt bist. Du kannst essen, was Du willst, solange Du dabei jeden einzelnen Bissen genießt. Ich kann diese Aussage nicht oft genug betonen. Ich meine, dass Du Dein Essen wirklich genießt – seinen Geschmack, seine Beschaffenheit und alle Empfindungen, die Du hast, wenn Du jeden Bissen gründlich kaust.

4. Mache bei jedem Bissen 30 Kaubewegungen.

Untersuchungen zeigen, dass das Sättigungsgefühl viel früher einsetzt, wenn man jeden Bissen 30-mal kaut. Es hat aber auch positive Auswirkungen auf unsere Gesundheit und das Wohlbefinden.

Da die Verdauung im Mund stattfindet, ist es von entscheidender Bedeutung, dass Du jeden Bissen bewusst genießt und mind. 30 Kaubewegungen machst. Dadurch nimmt Dein Körper die Nährstoffe besser auf und das Sättigungsgefühl setzt rechtzeitig ein.

Ein weiterer Vorteil ist, dass Dein Verdauungstrakt besser genutzt wird und Du dich vitaler fühlst, weil Dein Körper weniger belastet wird. Darüber hinaus entlarvst Du die industriell hergestellten und ungesunden Lebensmittel. Es kann sogar sein, dass Du Appetit auf Nahrungsmittel bekommst, zu denen Du Dich früher „zwingen" musstest.

5. Respektiere das Essen und lasse Dich nicht ablenken.

Respektiere das Essen und konzentriere Dich nur auf das, was Du in dem Moment tust, nämlich essen. Schalte dabei alle Geräte aus. Wenn Du isst und dabei Fernsehen schaust, isst Du mehr. Wenn Du isst und dabei Zeitung liest, isst Du mehr. Wenn Du isst und dabei am Computer arbeitest, isst Du leider automatisch mehr als Du brauchst.

Deshalb bleib achtsam, indem Du Dich darauf konzentrierst, was in Deinem Mund geschieht und schmecke jeden Bissen aus. Halte während des Kauens auch unbedingt Deine Hände frei. Kein Besteck, kein angebissenes Brot, nicht den nächsten Bissen schon in den Händen halten! Das lenkt vom Bissen im Mund gewaltig ab und fördert darüber hinaus das hastige Schlucken.

6. Lass immer einen Rest auf Deinem Teller übrig.

Einige Menschen befolgen die Regel, ihren Teller leer zu essen. Viele Menschen essen ihren Teller leer, damit es nicht weggeworfen wird, aber das geht auf Kosten ihrer Figur. Brich ab sofort mit der weitverbreiteten Gewohnheit, den Teller immer leer zu essen – schon als Kind wurdest Du dazu erzogen, damit «die Sonne scheint», nicht wahr?

Es reicht, wenn Du klein anfängst und nur ein bisschen auf dem Teller zurücklässt – als Willenstraining. Nach ein paar Malen wirst Du dann so weit sein, nur noch ein paar Bissen über das „Satt-sein" hinaus zu essen. Irgendwann schaffst Du es, einfach aufzuhören, wenn es wirklich genug ist.

Wenn es Dir ums Prinzip «man wirft kein Essen weg» geht, lass Dir Folgendes gesagt sein: «Die Kinder in der Dritten Welt werden auch nicht satt, wenn Du den letzten Rest von Deinem Teller aufisst oder den Topf auskratzt.

7. Höre auf zu essen, sobald Du satt bist.

Damit Du Dein Übergewicht und Dein zwanghaftes Essverhalten sowie das ständige Gedankenkreisen ums Essen auf einfache Weise loswirst, um das ideale Gewicht zu halten, musst Du anfangen, mit Deinem Körper zu kooperieren und nicht gegen ihn zu arbeiten.

Wenn Du genug gegessen hast, sendet Dein Magen ein Signal, das Dir mitteilt: «Ich bin zufrieden, es ist genug». Bei jedem weiteren Bissen stellst Du fest, dass Du Dich immer unwohler fühlst.

Der nächste Bissen schmeckt nicht mehr so gut wie der erste und wenn Du Dich dabei erwischt wie Du ungeduldig wirst und beginnst schneller zu essen, weil Du endlich fertig werden möchtest – nur weil Du Möglicherweise den Teller noch nicht leer gegessen hast, dann wirst Du wissen, dass diese unbewusste Gewohnheit Dich überwältigen will.

Halte wieder inne, atme tief ein, werde Dir bewusst, dass Du isst und höre wieder auf Deinen Körper.

Falls Du es jetzt mit der Angst zu tun bekommst und sagst: „Aber was ist, wenn ich zehn Minuten später wieder Hunger habe?" Möchte ich Dich beruhigen und Dir mitteilen, **iss,** wenn Du Hunger hast. Du solltest jedoch das essen, was Du wirklich essen willst und nicht das, was Du glaubst essen zu müssen. Esse bewusst, genieße jeden Bissen und höre sofort mit dem Essen auf, wenn Du satt bist.

Acht Garanten für Deinen Erfolg beim Abnehmen und Schlanksein mit der Schlankness Methode

1. **Diäten oder Abmagerungskuren sind unnötig:**
   Oder glaubst Du, ein Leben lang auf bestimmte Lebensmittel verzichten zu können? Na eben!

2. **Du isst nur das, was Du essen willst:**
   Du darfst nach Herzenslust Deine Lieblingsspeisen essen. Genau die Speisen, die täglich bei Dir auf Deinem Speiseplan stehen. Wobei wir als Voraussetzung dafür das Kauen an sich nehmen.

3. **Kalorien oder Punkte zählen unnötig:**
   Da Schlankness sein Programm darauf auslegt, Dich auf einen schlanken Körper zu programmieren und Dich auf die Körpersignale zu verlassen, sind Kalorien oder Punkte zählen kein Thema für Dich.

4. **Du isst, wenn Du echten Hunger hast:**
   Wenn Du nur dann isst, wenn Du wirklich Hunger hast, erhältst Du Dich selbst genussvoll am Leben und wirst dafür mit Wohlgefühl belohnt. Du darfst essen, wann Du möchtest und nicht deshalb, weil gerade Essenszeit ist.

5. **Du hörst auf zu essen, wenn Du satt bist:**
   Manche können nicht mit dem Essen aufhören, obwohl sie schon längst satt sind. Du hingegen wirst rechtzeitig das Sättigungsgefühl wahrnehmen und kannst sofort mit dem Essen aufhören, wenn Du satt bist. Denn Du selbst hast die Kontrolle über Dein Essverhalten.

6. **Du brauchst keine Mitstreiter oder Selbsthilfegruppen:**
Es hilft Dir nichts, wenn Du die Fehler Deiner Mitstreiter als „Modell", wie in der Vergangenheit, übernimmst. Andernfalls ahmst Du diese nach, anstatt die guten Modelle der von Natur aus schlanken Menschen zu verfolgen. Das Imitieren dessen, was von Natur aus schlanke Menschen tun, ist der Schlüssel zum Erfolg. Das heißt, je öfter Du Dich mit Deinem schlanken „Ich" beschäftigst, desto schneller wirst Du Dein Zielbild erreichen. Du wirst Dich so verhalten, essen und Dich bewegen wie von Natur aus schlanke Menschen!

7. **Ein Großteil der Arbeit wird an das Unterbewusstsein delegiert:**
Durch die Visualisierungsübungen delegierst Du die meiste Arbeit an Dein Unterbewusstsein. Dadurch, dass Du Dich auf einen schlanken Körper programmiert hast, wirst Du automatisch denken, essen und Dich bewegen wie von Natur aus schlanke Menschen.

8. **Du genießt Dein Essen wirklich:**
Du darfst Deinen Hunger und Durst stillen und kannst dabei jeden Bissen ohne schlechtes Gewissen genießen, weil Dein Körper auf Fettverbrennung programmiert ist und nicht auf Fetteinlagerung.

Abnehmen mit der Schlankness Methode ist die Lösung!

Mit der Schlankness Methode kann jeder abnehmen, unabhängig davon ob Du von Kindheit an - übergewichtig bist, Medikamente einnehmen musst, Dein Übergewicht hormonell, erblich bedingt oder aus Krankheiten entstanden ist. Auch wenn Du bisher Diäten erfolglos ausprobiert hast, wird Schlankness Deinen Körper auf das Gewicht bringen, bei dem Du Dich wohlfühlst und Du aus den gesellschaftlichen Belastungen, die Du bisher hattest in eine selbstbewusste Zukunft führen.

Meine Methode hat sich bereits unzählige Male bewährt und vielen Klienten zu ihrem Wunschgewicht sowie zu einem neuen Körpergefühl verholfen. Sie basiert lediglich auf einfachen Schritten und vermittelt Durch wirkungsvolle TRANCEFORMATIONs Übungen die Fähigkeit, sich von den alten Programmierungen zu lösen, sein Unterbewusstes auf einen schlanken und gesunden Körper zu programmieren sowie seine Gedanken in eine positive Richtung zu lenken.

Denn eines ist klar: „Du kannst nicht schlank werden, solange Du glaubst, essen wäre Dein Problem." Dank meiner Methode wirst Du Dich schnell von diesen negativen Gedankenmuster trennen, wodurch abnehmen und schlank bleiben für Dich zum Kinderspiel wird, denn Du wirst Dich automatisch gesünder ernähren und mehr bewegen, weil Dein Gehirn darauf programmiert wurde.

Nach dem Du die Hintergrundinformationen zur Methode erfahren hast, können wir beginnen Deine hinderlichen Programme zu entkonditionieren, Deine Emotionen, die DU mit Essen hinunter schluckst zu TRANCE-

FORMIEREN und Dich auf einen schlanken Körper zu programmieren.

Durch die Visualisierungstechniken und das Nutzen Deiner Vorstellungskraft wirst Du Dich zusätzlich mit Willenskraft auftanken. Du wirst Dich in einem Zustand hineinversetzen der Dich und Deinen Körper wissen lässt, wie es sich anfühlt, wenn Du schlank bist.

Diese Informationen werden an Dein Gehirn weitergeleitet und richten sich an alle Sinne. Wenn Dein schlankes ICH, wie ein Film vor Deinem inneren Auge abläuft, wenn Du all das sehen, hören, riechen, schmecken und fühlen kannst, nimmst Du leicht und sogar mit Spaß Körpergewicht ab.

Sobald Dein Gehirn auf schlank programmiert ist, übernimmt es die meiste Arbeit, so dass Du leicht und mühelos Körpergewicht reduzieren kannst und Du Dich dabei von Tag zu Tag immer besser und wohler fühlen wirst. Dadurch ist ebenfalls gewährleistet, dass Du nie wieder zunimmst und Dein reduziertes Körpergewicht auch leicht halten kannst.

Die **Schlankness Methode** und wie sie **funktioniert**

„Schlankness" steht für eine langfristige Veränderung der Ess- und Denkgewohnheiten für alle, die noch abnehmen, abnehmen wollen oder abnehmen wollten, sowie diejenigen, die bis heute noch nicht durch Diät abgenommen haben bzw. abnehmen konnten.

Während Diäten meist nur an der Oberfläche kratzen, setzt die „Schlankness" Methode dort an, wo unsere Denk- und Verhaltensmuster gesteuert werden – im Gehirn.

Diese Methode wendet sich in ihrer Wirkung nicht an das Essen, sondern vielmehr an die Körperintelligenz und die Gehirnzellen eines Menschen: Im Gehirn ist der Sitz unserer Denkmuster und Verhaltensweisen. Nur dort werden Hunger- und Sättigungsgefühle gesteuert und dort ist vor allem unser Körperschema gespeichert.

Gesund abnehmen ohne Diät bedeutet bei Schlankness, sich auf einen schlanken und gesunden Körper zu programmieren. Du wirst denken, fühlen, essen und Dich verhalten wie eine von Natur aus schlanke Person. *„Denn ein schlankdenkendes Gehirn sendet schlankmachende Signale!"*

Durch psychologische Grundlagen kombiniert mit aktuellen Erkenntnissen aus der positiven Psychologie, werden durch die Vorstellungskraft neue Denk- und Verhaltensweisen entwickelt und durch die Visualisierungstechniken wird ein neues Körperschema für Übergewichtige erzeugt. Somit wird ein Schlanksein-Gefühl entwickelt, welches alle Voraussetzungen für ein entsprechendes Schlanksein Verhalten erfüllt.

Essen können, was man will, und trotzdem Gewicht verlieren!

Als kleine Kinder haben wir nur gegessen, wenn wir Hunger hatten und nur das, was uns geschmeckt hat. Ansonsten haben wir nicht gegessen oder uns geweigert zu essen. Wir haben mit dem Essen aufgehört, weil wir satt und zufrieden waren und haben es nicht davon abhängig gemacht, ob der Teller leer war oder nicht.

Und genau diesen Effekt nutzt die Schlankness Methode. Womit wir beim Herzstück der Methode angelangt wären. Essen, wenn man echten Hunger hat und zwar nur das, was einem schmeckt und aufhören, wenn man körperlich satt ist.

Damit dieses Ziel erreicht werden kann, wird Dein Gehirn auf schlank programmiert, dabei wirst Du wieder in Kontakt zu Deinem Körper kommen und leichter auf die Signale Deines Bauches hören.

So nimmst Du unbewusst und nebenbei leicht an Körpergewicht ab, ohne Dich mit Ernährungslisten und Verboten auseinandersetzen zu müssen. Dem Zufolge wirst Du später niemals versuchen mit Zwang an Körpergewicht abzunehmen, sondern Du isst selbstverständlich die Lebensmittel, die Dir schmecken und nur dann, wenn Du Hunger hast und kannst sofort mit dem Essen aufhören, sobald Du körperlich satt bist.

Mit anderen Worten, Du entwickelst ein schlankes Gefühl für einen dauerhaft schlanken Körper. Das Schlankgefühl entwickelst Du umso schneller, je häufiger Du Dich mit Deinem schlanken ICH beschäftigst.

Schlank werden und schlank bleiben ist ganz einfach, auch wenn Du es vielleicht schon vergeblich mit mehreren Methoden versucht hast.

Trotz der legitimen Vermutung, dass man nur durch Verzicht auf Essen oder übermäßig viel Sport abnehmen kann, liegt das Problem wie des "nicht-abnehmen-könnens" oder "nicht-schlank-bleiben-könnens" beim Jo-Jo-Effekt. Die Schlankness-Methode setzt den Jo-Jo-Effekt außer Kraft und steht für Abnehmen ohne Hunger, ohne Zwänge und vor allem ohne Stress.

Alles was Du machen musst ist das Essen zu genießen und jeden Bissen zu kauen, ohne ein schlechtes Gewissen zu haben. Den Rest, der zum Abnehmerfolg fehlt, übernimmt Dein Unbewusstes, denn Dein Körper ist auf langfristige Fettverbrennung und auf Schlanksein eingestellt.

Die Lebensmittel, die Du zu Dir nimmst, sollten Dir schmecken und Deinem Körper guttun. Bei der Schlankness Methode wird die Menge der Nahrungsaufnahme nicht von Kalorien abhängig gemacht, sondern nur von Deinem Hunger- und Sättigungsgefühl.

Dein Essverhalten wird sich auf ein normales Maß zurückschrauben, was individuell zu betrachten ist. Aus diesem Grund wirst Du bei der Schlankness Methode keine Lebensmittellisten oder Ernährungsregeln finden.

Das heißt, Du hältst keine neue Diät oder verzichtest auf Speisen, sondern Du entscheidest selbst, was Du essen möchtest. Du isst, was Dir schmeckt und Deinem gesunden schlanken Körper bekommt.

So, wie Du auch als Kind intuitiv richtig gegessen hast, bevor man Dich z.B. neg. beeinflusst hat und Dich dazu motiviert hat, den Teller leer zu essen, damit Du groß und stark wist. Oder als Du Schokolade zum Trost oder zur Belohnung bekommen hast.

Ich hoffe Du meinst es ernst genug und willst Dich wirklich ein für alle Mal von Diäten und den Ess-Zwängen befreien. Ich wünsche mir, dass Deine Zeit dieses Buch zu lesen keine Verschwendung war und Du Dich mit der Schlankness Methode vertraut machst. Dazu gehört auch, dass Du die in diesem Buch enthaltenen Übungen durchführst.

Wenn Du ernsthaft vorhast abzunehmen, ein gesünderes Leben zu führen, Dich in Deinem Körper wohl zu fühlen oder einfach nur einige überflüssige Kilos loswerden zu wollen, dann ist die Methode genau die Richtige für Dich.

Ich freue mich, Dich mit der Schlankness Methode in ein schlankes Leben begleiten zu dürfen. Vielleicht lernen wir uns sogar persönlich auf meinen Seminaren kennen.

Abnehmen und **schlank** werden beginnt im Kopf und nicht auf der Waage

Stell Dir vor, ein ganz kleiner Teil Deines Gehirns stellt das angeborene Wissen und Verhalten dar. Deine Atmung, Dein Herzschlag und alle Körperfunktionen wie Hunger, Durst und das Sättigungsgefühl – einfach alles, mit dem ein Baby auf die Welt kommt. Und ein Teil Deines Gehirns, ist Dein bewusstes Denken, - planend, vorausberechnend und analytisch.

Dazwischen ist viel, viel Platz. Platz, der ab dem Zeitpunkt Deiner Entstehung gefüllt werden möchte. Platz für ein gigantisches System aus Beobachtungen, Wahrgenommenen, gelerntem Wissen und einer riesigen Datenbank aus Regeln. Das ist Dein Unbewusstes.

Und das bestimmt zu etwa 95 % unser Verhalten. Nun stell Dir vor, dass wir gelernt haben, den Teller leer zu essen, damit morgen die Sonne scheint oder damit wir groß und stark werden. Und was tun wir? Wir hören erst dann auf zu essen, wenn der Teller leer ist und nicht weil wir körperlich satt sind. Und so geht das natürlich angeborene Essverhalten verloren.

Ungefragt ob das gut für uns ist, haben wir diese Informationen aufgenommen, zu Regeln gemacht und daraus Programme entwickelt. Dies geschieht ganz automatisch. Diese Programme haben wir dann in unserem Unbewussten abgespeichert und handeln auch im Erwachsenen-Alter danach.

Dieses Unbewusste möchte gerne das Bekannte anwenden und Unbekanntes vermeiden. Statt das ungünstige Programm zu ändern, wird es immer wieder ausgelöst und durch die Wiederholung eher noch mehr gefestigt.

Je mehr Du also versuchst mit Willenskraft diese Programme zu ändern, umso mehr manifestieren sich diese Programme. Deshalb wird es mit der Zeit immer schwieriger eine Gewohnheit zu ändern, als neue Gewohnheiten zu entwickeln.

Alles, was Du brauchst, um Gewicht zu verlieren, ist die Art und Weise wie Du über Dich selbst und das Essen denkst, positiv zu verändern! Mit neuen Informationen für Dein Gehirn und neuen Programmen, kannst Du langfristig, leicht und mühelos Körpergewicht reduzieren – ohne Willenskraft!

Wie Du Deine Vorstellungskraft dazu nutzt, um schlank zu werden!

Immer mehr Menschen erkennen, dass die Vorstellungskraft viel stärker ist als die Willenskraft. Und sie verstehen, wie wichtig es ist, nicht nur Strategien zur Gewichtsreduktion zu befolgen, sondern sich auch mit den eigenen Gedanken und der Vorstellungskraft zu beschäftigen und diese positiv zu beeinflussen.

Jüngste Forschungen haben ergeben, dass Visualisierungstechniken die Fähigkeit zum Abnehmen erheblich steigern. Wenn man einfach davon ausgeht, dass man schlank ist und sich auf dem Weg zu seinem Idealgewicht befindet, dann sendet man eine Mitteilung an sein Gehirn, die sich auf das Energieniveau, die Motivation und den gesamten Stoffwechsel auswirkt.

Diese Veränderung führt zu körperlichen Empfindungen, die sich wiederum auf die Gedanken und Gefühle auswirken, wodurch die Inhalte verstärkt werden, mit denen man sein Gehirn füttert. Es handelt sich also um ein positives Feedbacksystem. Ich zeige Dir einige einfache aber sehr wirkungsvolle Übungen, die ich in meinen Seminaren mit den Seminarteilnehmern durchführe, damit ich ihr Unbewusstes dazu bringe, leichter abzunehmen.

Ich möchte Dich dazu einladen, Dir vorzustellen, als wärst Du wirklich schlank. Schau Dir einen Film über Dich selbst an und beobachte Dich ganz genau. Was Du tust und wie Du es tust. Beobachte, wie Du in Deinem Alltag alles mit spielerischer Leichtigkeit erledigst.

Stell Dir vor, wie glücklich und zufrieden Du mit Deinem schlanken und gesunden Körper bist. Nachdem Du Dir Deinen schlanken Körper so vorgestellt hast, wie Du aussehen möchtest, hältst Du kurz inne und hältst Dir die positiven Gefühle und die Eigenschaften fest.

Nach dem Du mit Deinem schlanken Körper zufrieden bist, schlüpfe in Dein schlankes ICH hinein und erlebe alles Durch Deinen schlanken Körper. Beginne zu sehen, zu hören und zu fühlen - alles Durch Dein schlankes ICH. Lass Deinen Körper und Deinen Geist diese Informationen und diese Gefühle erleben und erfahre wie es ist, wenn Du schlank bist.

Erlaube Dir, dass jede Zelle Deines Körpers diesen schlanken Körper spürt. Je öfter Du diese Übung machst, umso leichter wirst Du Dein Ziel – einen schlanken Körper zu bekommen – erreichen.

Obwohl diese Übung relativ einfach erscheint, wird sie Dir Möglicherweise am Anfang sehr schwerfallen. Da Du Dich bis heute immer wieder mit dem Problem „Übergewicht" beschäftigt hast, kennt Dein Gehirn das problemorientierte Denken und Fühlen. Wenn Du dann auch noch schlanke Menschen gesehen hast oder Dir schlanke Personen vorgestellt hast – empfandst Du Neid, Ärger oder Frustration. Womöglich hast Du auch auf Deine Vergangenheit geschaut, als Du selbst schlank warst. Wenn Du dabei auch Enttäuschung, Wut oder gar Trauer empfunden hast, dann braucht Dein Gehirn ein wenig Zeit um sich an das Neue zu gewöhnen und sich neu zu strukturieren.

Jetzt muss Dein Gehirn langsam dorthin trainiert werden, dass Du Dich als eine schlanke und attraktive Person wahrnimmst. Sei mutig und sehe Dich in der Zukunft, wie Du aussehen wirst, wenn Du schlank bist. Wichtig bei dieser Übung ist, dass Du beginnst aus Deiner Gegenwart heraus Dich in der Zukunft schlanker zu sehen und nicht in die Vergangenheit gehst und betrachtest wie Du ausgesehen hast, als Du schlank warst.

Welche Verhaltensweisen durch die **Schlankness Methode** neu programmiert werden

Am Wichtigsten ist das Verhalten, nur zu essen, wenn Du hungrig bist und mit dem Essen aufzuhören, sobald Du körperlich satt bist. Also, wenn Du Deinem Körper wieder vertraust und seine Signale wahrnimmst und diese richtig deutest. Wichtig ist auch, emotionalen Hunger von körperlichem Hunger abgrenzen zu können. Denn bei emotionalem Hunger wird Dich keine Nahrung der Welt wirklich sattmachen.

Denn Dein Körper ist klüger als jede noch so raffinierte Diät der Welt. Da wir aber so viel über „falsche" Nahrungsmittel hören, die angeblich unserer Gesundheit schaden und uns dick machen, ist es nicht immer einfach, das wahrzunehmen, was unser Körper uns sagen will.

Außerdem glauben viele Menschen, ihr Körper sei schlecht oder minderwertig, sodass die Vorstellung, diesem Körper zu vertrauen und auf ihn zu hören, für sie eine große Herausforderung darstellt. Es ist nur natürlich, dass alles Neue am Anfang schwierig zu sein scheint. Jede Tätigkeit muss erst erlernt werden, sei es, einen Schuh zuzubinden oder ein Auto zu fahren.

Zu Beginn musst Du jeden Schritt einüben und bewusst umsetzten. Mit der Zeit wird es jedoch immer einfacher, und bevor man sich versieht, tut man es, ohne weiter darüber nachzudenken. Der Körper reguliert die Nahrungsaufnahme von selbst. In jedem Menschen gibt es eine natürliche Appetitsteuerung, die grundsätzlich dafür sorgt, dass jeder selbst die richtigen Ess-Entscheidungen für seine Ernährung treffen kann und dabei gesund bleibt.

Weder unser Verstand noch irgendein Ernährungsberater kann Nahrung besser einschätzen als der eigene
Körper.

Bei einem normalgewichtigen Menschen, der von sich
sagt, er habe keine Probleme mit seinem Körpergewicht,
werden Empfindungen wie Hunger- und Sättigungsgefühl
vom Körper selbst optimal gesteuert.

Appetit, Hunger und Sättigung sind unbewusste, das
heißt vegetative Funktionen des Körpers, wie etwa auch
das Atmen und der Herzschlag.

Übungen, die Dein Gehirn auf schlank programmieren

Die folgende Übung befähigt Dich dazu, eine neue
Strategie zu erlernen, die bewirkt, dass Du natürlich
schlank wirst. Wenn Du diese Schritte sorgfältig durch
gehst, wirst Du entdecken, dass Du auf Essen so reagierst
wie von Natur aus schlanke Menschen.

Wenn ich Dir die TRANCEFORMATIONs Übung zeige,
wirst Du von nun an leichter klügere Essentscheidungen
darüber treffen, was und wie viel Du in einer bestimmten
Situation isst. Schon bald wirst Du feststellen, dass Du
automatisch auf diese neue Weise mit dem Essen
umgehst und beginnst nur so viel zu essen wie nötig.

Mit dieser Übung manifestierst Du das neue Verhalten in
Deinem Unbewussten und Du setzt in Deinem Alltag
dieses Verhalten ganz leicht und ohne Anstrengung um.

Einverstanden? Dann lass uns loslegen!

Schlankness-Übung 1
Du bestimmst Deinen Speiseplan

Schritt 1
Suche Dir einen Zeitpunkt und einen Ort aus, um ohne
Unterbrechung ungefähr 20 Minuten bequem zu
entspannen.

Schritt 2
Vergegenwärtige Dir, wie Du erkennst, dass es Zeit ist,
ans Essen zu denken. Spürst Du Hunger?

Schritt 3
Achte auf das Gefühl in Deinem Magen und dessen
Qualität in diesem Moment. Es geht nicht nur darum, zu
überprüfen, ob Du satt oder hungrig bist, sondern um die
Art und Weise, wie sich Dein Magen insgesamt anfühlt.

Dein Magen wird sich anders anfühlen, je nachdem, was
Du zuletzt gegessen hast, ob Du angespannt oder
entspannt bist.

Schritt 4
Frage Dich „Was würde sich jetzt in meinem Magen gut
anfühlen?"

Schritt 5
Denke an ein verfügbares Gericht, etwas, was Du
möglicherweise essen kannst, wie ein Sandwich, eine
Pizza, einen Salat usw.

Schritt 6
Als nächstes stell Dir vor, eine Portion des Gerichts zu
essen, an das Du dachtest. Falls Du an das Sandwich
dachtest, wirst Du schnell einen Geschmack im Mund
bekommen und bemerken, wie es sich anfühlt, wenn es in
Deinen Magen gleitet.

Du erhältst eine Empfindung dafür, wie sich das
Sandwich in Deinem Magen und in Deinem ganzen
Körper während der nächsten Stunden anfühlen wird,
wenn Du es isst.

Schritt 7
Vergleiche dieses Gefühl, was Du im Magen spürtest, mit
dem, bevor Du Dir vorstelltest, etwas zu essen. Welches
Gefühl magst Du lieber? Wirst Du Dich besser fühlen,
wenn Du das Sandwich isst oder wenn Du es nicht isst?

Wenn die Antwort positiv ausfällt, behalte das Sandwich
als eine Alternative im Kopf, die Du vielleicht auswählen
wirst. Wenn die Antwort negativ ist, verwerfe diese
Möglichkeit.

Achte darauf, dass Du auf der Grundlage entscheidest,
was Dir über einen Zeitraum hinweg mehr Vergnügen
bereiten wird. Es hat keinen Zweck, etwas zu essen, bei
dem Du Dich für den Rest des Tages schlecht fühlst.

Schritt 8
Stell Dir ein anderes mögliches Gericht vor. Vielleicht
denkst Du daran, eine Stange Kandis zu essen.

Schritt 9
Stell Dir vor, die Stange Kandis zu essen, und spüre, wie
sie Deinen Magen erreicht. Achte auf das Gefühl, die
Stange Kandis während der nächsten Stunden in Deinem
Magen zu haben. Wie fühlst Du Dich damit?

Schritt 10
Vergleiche Dein Gefühl aus Schritt 9 mit Deinen bisher
besten Gefühlen (Schritt 7). Achte darauf, welches Gefühl
für Dich angenehmer ist. Bei welcher Entscheidung fühlst
Du Dich besser?

Schritt 11

Führe denselben Prozess mit mehreren Nahrungsmitteln durch, wenn Du magst. Behalte jedes Mal das Gericht im Kopf, das Dir über einen Zeitraum hinweg am angenehmsten ist.

Schritt 12

Entscheide, bei welchem Gericht Du Dich am besten fühltest. Stell Dir jetzt vor, dass Du dieses Gericht isst, und spüre die Befriedigung, dass zu essen, bei dem Du Dich die Zeit über gut fühlst.

Schlankness-Übung 2
Halte Dir Dein zukünftiges ICH vor Augen

Mit dieser Übung verbindest Du Dich mit Deinem schlanken Körper und platzierst das Ziel „schlank zu sein" in die Zukunft. Du wirst Dich Tag für Tag besser und motivierter fühlen. Da Du Dein schlankes ICH erlebt hast und dieses in Deiner Zeitlinie platziert ist, möchte es, sobald es sich in Deinem Unbewussten manifestiert hat, realisiert werden. Genau deshalb wirst Du Dich, nachdem Du diese Übung einige Male wiederholt hast, automatisch wie eine schlanke Person verhalten und nur so wenig essen wie nötig.

Dabei wirst Du von Tag zu Tag an Körpergewicht verlieren und schlanker werden. Da Du im Grunde genommen genau weißt, was gut für Dich ist, wirst Du Dich auch automatisch richtig verhalten und täglich die richtigen Essentscheidungen treffen, um Dein Körpergewicht zu reduzieren.

Schritt 1
Stell Dir vor, Du siehst Dein schlankes zukünftiges ICH. Sehe, wie Dein schlankes ICH sich fühlt, bewegt, aussieht, riecht oder schmeckt. Beobachte Dein schlankes ICH, wie glücklich und zufrieden es mit sich selbst ist und das Leben genießt. Wie weit in der Zukunft liegt Dein schlankes ICH?

Schritt 2
Beobachte und spüre Dein schlankes ICH. Wie es sich bewegt, spricht und die Dinge tut, die Du auch tagtäglich tust. Beobachte weiterhin, wie glücklich und zufrieden Dein zukünftiges schlankes ICH ist. Dein zukünftiges ICH fühlt sich selbstbewusst, nimmt selbstsicher die Herausforderungen des Lebens an und meistert diese.

Schritt 3

Gehe nun in Deiner Vorstellung in die Zukunft und tauche in Deinen schlanken Körper hinein. Erlebe alles durch Deinen schlanken und gesunden Körper. Erlebe Dein Selbstbewusstsein und wie Du Dich in Deinem schlanken ICH fühlst.

Schritt 4

Nun verweile in Deinem zukünftigen ICH und stelle Dir vor, dass Du einen Freund, eine Freundin oder einen Bekannten triffst, den oder die Du schon seit langem nicht mehr gesehen hast. Stell Dir vor, wie begeistert er/sie von Dir und Deinem schlanken Körper ist. Er/sie macht Dir Komplimente und gibt Dir positives Feedback. Spüre ganz deutlich, wie diese Person Dir Respekt entgegenbringt.

Es kommt nicht darauf an, ob Du das jetzt glaubst, es ist nur wichtig, dass Du fühlen kannst, dass diese Person es mit dem Kompliment ernst meint. Lass diese Erfahrung auf Dich wirken.

Schritt 5

Während Du das Kompliment und die Ernsthaftigkeit der Person spürst, solltest Du Deine ganze Aufmerksamkeit auf die positiven Gefühle richten, die Du dabei empfindest. Nun möchte er/sie wissen, wie Du das gemacht hast. Wie Du schlank geworden bist? Stelle Dir vor, wie Du ihm/ihr erzählst, wie es Dir gelungen ist Körpergewicht zu verlieren und schlank zu werden. - Was war einfach? - Was war nicht so einfach?

- Wie hast Du Dich motiviert?

Schritt 6

Spüre Deine Freude darüber, Dein Essverhalten selbst zu
kontrollieren, und darüber, selbst die Kontrolle darüber
zu haben, was Du isst und wie viel Du isst. Spüre, wie
stolz Du auf Dich bist, weil Du es geschafft hast, schlank
zu sein. Nun verabschiede Dich von dieser Person. Wende
Dich Deinem gegenwärtigen ICH zu. Welche
Empfehlungen, Tipps oder Ratschlag möchtest Du jetzt
Deinem gegenwärtigen ICH geben?

Schritt 7

Jetzt gleite in Dein Gegenwarts-ICH zurück und lass
nochmals alles auf Dich wirken, was Dein zukünftiges
schlankes ICH Dir mitgegeben hat. Öffne die Augen und
komm zurück ins Hier und Jetzt.

Schlankness-Übung 3

Programmiere Dein Unterbewusstsein neu!

Hier möchte ich Dir eine wirkungsvolle Übung zeigen, die
Dich dabei unterstützt, Dein Unbewusstes auf einen
schlanken Körper zu programmieren. Diese Übung hilft
Dir beim Abnehmen und sorgt dafür, dass Du nicht
wieder zunimmst. Lese den folgenden Text aufmerksam
Durch und stelle Dir die Handlung bildhaft vor.

Diese Übung soll aus dem geschriebenen Text einen
fantastischen Film machen, der vor Deinem geistigen
Auge abläuft. Je lebendiger Du Dir die Handlung
vorstellst, desto leichter wird Dir das Erreichen Deiner
schlanken Figur fallen.

Visualisiere Deinen schlanken Körper Setze oder lege
Dich bequem hin, schließe dabei Deine Augen. Gehe jetzt
die nächsten Schritte in Deiner Fantasie durch. Betrachte
Dich in einem Film, in dem Du die Hauptrolle spielst.

Stelle Dir Dein schlankes ICH vor, wie Du schlank, glücklich und zufrieden bist. Spüre, wie attraktiv dieses Bild ist. Sehe, wie gut Du aussiehst in diesem Moment. Genieße den Anblick Deiner eigenen Person. Beobachte, wie diese schlankere Version von Dir all das tut, was auch Du jeden Tag tust.

Spüre, mit welcher Leichtigkeit Dein schlankes ICH absolviert, was auch Du jeden zu leisten hast. Stelle Dir nun vor, wie Dein schlankes Ich all die Herausforderungen des Alltags leicht und selbstbewusst erledigt.

Dein schlankes ICH bewegt sich mehr und hat Spaß daran, sich zu bewegen. Spüre, wie glücklich und zufrieden Dein anderes ICH, Dein schlankes ICH ist. In einem schlanken und gesunden Körper.

Dieses neue ICH isst nicht mehr als notwendig, bewegt sich auf natürliche Weise und kümmert sich sofort um seine emotionalen Bedürfnisse. Drehe und wende Dich, um Dich von allen Seiten zu betrachten.

Verändere diesen Film so lange, bis Du Dich großartig fühlst. Beobachte, wie Dein schlankeres ICH ganz bewusst jeden Bissen Nahrung genießt und sich ganz sicher dabei fühlt. Beobachte, wie Dein neues Ich nur so viel isst, bis es satt ist.

Wenn Du Dir vorstellen kannst, wie Du sein willst, und mit Deinem schlanken Ich zufrieden bist, halte einen Moment inne und lass diesen Film nun in Deiner Fantasie ablaufen. Beobachte, wie Du all das tust, was Du immer tun wolltest, und wie gut sich das anfühlt.

Spüre Deine Entschlossenheit, diesen gesunden und schlanken Körper haben zu wollen. Wenn Du noch keine Vorstellung von Dir und Deinem schlanken Körper hast, dann lass Dir dabei Zeit und mach Dich allmählich schlanker und noch schlanker.

Sei mutig. Es ist ganz wichtig, dass Du Dich schlank sehen und fühlen kannst. Male es Dir aus, wie es ist und wie es sich für Dich anfühlt, wenn Du schlank bist, damit dieses Ziel sich in Deinem Unbewussten manifestiert und zur Gewohnheit wird.

Mach die Übung so lange, bis Du Dich so siehst, fühlst und verhältst wie eine schlanke Person. Sobald sich das Bild in Deinem Unbewussten manifestiert, wird es für Dich zum Positiven arbeiten. Daher ist es wichtig, dass Du Dich schlank siehst und schlank fühlst.

Wenn Du mit dem anderen ICH zufrieden bist, solltest Du Dir seine Sicht- und Verhaltensweisen zu eigen machen. Wenn Du Dich bereits schlank siehst und fühlst, gleite hinüber in diesen Film. Jetzt vereine Dich in der Wahrnehmung mit Dir selbst.

Gehe in den schlanken Körper hinein. Nehme Dich mit Deinen schlanken Körper mit all Deinen Sinnen war. Sehe, höre, fühle, rieche und schmecke wie ein schlanker Mensch, genieße diesen Zustand. Fühle, wie gut es sich anfühlt, so viel schlanker und gesünder zu sein. Spüre, wie attraktiv Du bist.

Du fühlst, wie wohl Du Dich in Deinem schlanken Körper fühlst – gesund und voller Energie. Du spürst die Signale, die Dein schlanker Körper Dir sendet, und genießt das ganz bewusst.

Merke: Verweile bei jedem Schritt so lange, bis er Dir gelungen ist. Lass Dir Zeit. Denke immer daran, dass Wiederholungen der Schlüssel zum Erfolg sind. Durch diese Übung nimmst Du die Sichtweise eines von Natur aus schlanken Menschen an. Du sendest Signale an Dein

Unbewusstes, sich wie eine schlanke Person zu fühlen und zu verhalten und zu essen. Am besten machst Du diese Übung jeden Morgen, dann wird Dein Unbewusstes für Dich im Alltag arbeiten.

Dieses Vorgehen wird Dir helfen, das Gewünschte zu erzielen. Sag Dir nicht „Ich könnte das ja auch anders machen" oder „Das behagt mir nicht", denn dann bist Du auf dem falschen Weg. Halte Dich nicht im Voraus für schlauer und Zweifel nicht – handle.

Wichtig: Wiederhole diese Übungen, sodass sich das neue Bild, das neue Schlanksein-Gefühl, mit Deinem Gehirn verbindet und in Deinem Unbewussten ankommt.

Wenn Du diese Übungen einige Male wiederholst, wird Dein Gehirn alles dafür tun, damit Du Dein Ziel erreichst. Mit anderen Worten: Wer schlank denkt, wird sich auch schlank verhalten.

Schlankness-Übung 4
Endkonditionierung des emotionalen Essens

Diese TRANCEFORMATIONs-Übung wird Dir helfen, Dich von Deinem emotionalen Hunger zu befreien. Du wirst Dich in den Situationen, in denen Du gegessen hast um Dich besser zu fühlen, automatisch gut fühlen.

Wie bereits erwähnt, liegt der hautsächliche Grund für Übergewicht darin, dass die Menschen aus emotionalen Gründen essen. Die Nahrungsaufnahme dient heute oft nicht mehr dazu, den körperlichen Hunger zu befriedigen.

Wir essen oft und viel aus emotionalen Gründen, was bedeutet, dass wir bestimmte Nahrungsmittel zu uns nehmen, um spezielle Emotionen damit zu erzeugen oder nachzuempfinden. Im Laufe unseres Lebens haben wir uns durch Erziehung und äußere Einflüsse darauf konditioniert, Emotionen mit Essen zu verbinden und zu steuern.

Emotionaler Hunger ist ganz anders als körperlicher Hunger. Körperlicher Hunger kommt schrittweise. Erst hast Du ein wenig Hunger, dann – ein wenig später – fühlst Du Dich ein bisschen mehr hungrig und dann noch hungriger.

Physischer Hunger meldet sich schleichend, ist genügsam, kann aushalten und ist nicht auf eine bestimmte Speise fixiert. Essen wir, wenn wir wirklich Hunger haben, dann fühlen wir uns danach satt und zufrieden.

Emotionaler Hunger dagegen taucht plötzlich auf, mit dem Verlangen nach etwas Bestimmtem und will sofort befriedigt werden. Geben wir den Gelüsten nach, fühlen wir uns hinterher oft schlecht, frustriert oder beschämt und schwören uns, beim nächsten Mal die Zügel besser in der Hand zu halten.

Wenn Du nun isst, weil Du Dich alleine fühlst, hungrig nach Liebe, nach Gesellschaft bist – wirst Du durch essen niemals satt werden. Wichtig ist, dass Du die Konditionierung auflöst. Mit der folgenden Übung fühlst Du Dich gut, ohne dass Du Deine Gefühle durch essen verändern musst.

Schritt 1

Schließe Deine Augen und gehe in solche Situationen, in denen Du Dich einsam oder unwohl fühlst und Du dann aus emotionalen Gründen isst – aber Du weißt nicht warum. Werde Dir der einhergehenden Gefühle bewusst. Werde Dir die Beschaffenheit der Gefühle gewahr. Gibt es zu den Gefühlen Bilder, Erinnerungen oder Geräusche?
-> Wie hoch ist das Gefühl – jetzt essen zu wollen
(Skala von 0 – neutral -10 – beschreibt das höchste Gefühl)

Schritt 2

Öffne Deine Augen und schließe sie wieder und sinke noch tiefer in diese Gedanken hinein.

Schritt 3

Jetzt stellst Du Dir vor wie Du vor einer Treppe stehst, die über 20 Stufen hinaufführt zu einer wunderschönen Landschaft, wo Du Dich wohl fühlst.

Jetzt stellst Du Dir vor, wie Du diese Treppe mit all Deinen Sinnen - Stufe für Stufe - nach oben gehst. Und dabei langsam und laut von eins bis 20 zählst. Nun lege Deine Hände überkreuzt auf die Schultern und beginne von oben nach unten zu streicheln, während Du die Stufen nach oben gehst und von eins bis 20 zählt.

Schritt 4

Sobald Du dort angekommen bist, öffne Deine Augen und
schaue nur mit den Augen nach rechts – ohne den Kopf zu
bewegen. Weiterhin die Arme nach unten streichen.
6 X schaue nach rechts –6X schaue nach links.

Schritt 5

Schau dann geradeaus, nimm einen tiefen Atemzug und
schließe wieder Deine Augen. Stell Dir vor, wie Du an
diesem wunderschönen Ort Seil springst und beim
Seilspringen zählst Du von eins bis zwanzig.
-> weiter die Arme nach unten streichen. Jetzt geht das
viel langsamer. Viel langsamer. Noch langsamer.

Schritt 6

Sobald Du bei 20 angelangt bist, öffne Deine Augen und
schaue wieder nur mit den Augen nach rechts. Weiterhin
die Arme nach unten streichen.
6 X schaue nach rechts – 6X schaue nach links.

Schritt 7

Schließe wieder Deine Augen und stelle Dir vor wie Du an
Deinem wunderschönen Ort beim Sonnenuntergang
spazieren gehst. Wie Deine Schritte Spuren hinterlassen.
Und wie Du wieder von eins bis 20 zählst.
– Weiterhin Arme nach unten streichen.

Schritt 8

Öffne jetzt Deine Augen und schaue nach rechts.
Weiterhin die Arme nach unten streichen.
6 X schaue nach rechts – 6X schaue nach links.

Schritt 9

Erneut nach dem Gefühl fragen und bewerten. Wenn das
Gefühl fertig ist, dann bist Du fertig. Falls noch ein
Restgefühl da ist, mache bitte solange wie oben weiter bis
das Gefühl vollständig verschwunden ist.

Schritt 10

Abschluss: Öffne jetzt Deine Augen, nehme einen tiefen
Atemzug und beende die Übung.

Vorschläge für Deinen Erfolg

1. Persönliche Zielsetzung

Wenn Du genau weißt, warum Du abnehmen und schlank sein willst, und es Dir auch in vielen Einzelheiten bildlich vorstellen kannst (wie Du aussehen und Dich fühlen wirst, wenn Du schlank bist), dann schaltet Dein Gehirn bei allen Informationen, die mit dieser Zielsetzung zu tun haben, automatisch auf Empfang. Das heißt in der Praxis, dass Du mit einem klaren Ziel vor Augen viel aufmerksamer und damit erfolgreicher abnimmst und schlank wirst.

Das beste Werkzeug ist für Dich nur dann von Nutzen, wenn Du eine klare Vorstellung hast, wo die Reise hingeht und wie Du Dich dabei fühlen wirst, wenn Du das Ziel erreicht hast.

2. Nimm Dir Zeit

Gehe langsam die Schritte der Schlankness Methode durch, denn dann wirst Du langfristig schlank und das neue Essverhalten wird manifestiert.

3. Erfolgs-Checkliste für jeden Tag

1. Ich habe gegessen, wenn ich einen körperlichen Hunger verspürt habe.
2. Ich habe bewusst und aufmerksam gegessen und dabei jeden Bissen genossen.
3. Ich habe jeden Bissen mind. 30-mal gekaut.
4. Ich habe gegessen, worauf ich wirklich Hunger hatte.
5. Ich habe aufgehört zu essen, als ich gemerkt habe, dass ich satt bin.

6. Ich habe vor und nach jedem Essen ein Glas Wasser getrunken.
7. Ich habe immer einen Rest auf meinen Teller liegen lassen.
8. Ich habe die TRANCEFORMATIONs Übungen durchgeführt.
9. Ich habe zwischen Hunger und Durst unterscheiden können.
10. Ich habe meinen Hunger und Durst ohne Bedenken gestillt.
11. Meinen emotionalen Hunger stille ich mit meiner positiven Verhaltensweise, nicht mit Essen.

4. Personalisierung

Nehme Dir Farbstifte und mach diesen Kurs zu „Deinem" Kurs. Unterstreiche oder umkreise, was Dir besonders wichtig ist oder was Dir besonders merkwürdig erscheint. Tu dies besonders bei der Erfolgs-Checkliste. Je bunter, desto besser, denn Farben unterstützen Deine kreative Gehirnhälfte.

Für **wen** ist die Schlankness Methode geeignet?

Viele fragen mich immer wieder: „Für wen ist die Schlankness Methode geeignet?" Viele wollen wissen, ob sie vorher eine Diät machen müssen, bevor sie mit der Schlankness Methode beginnen.

An dieser Stelle möchte ich jedem wärmstens empfehlen und ans Herz legen, keine Diät zu machen. Denn Diäten können nicht funktionieren und bringen den letzten Rest der gesunden, körperlichen Empfindungen aus dem Gleichgewicht. Schlankness ist in erster Linie für diejenigen entwickelt worden, die langfristig ihr Wunschgewicht erreichen möchten und frei von Diäten und Ernährungsvorschriften leben wollen.

Mit dieser Methode kann wirklich jeder abnehmen, unabhängig vom Alter und Körpergewicht. Schlankness hat sogar Menschen geholfen, die von Kindheit an übergewichtig waren, Medikamente einnehmen mussten, ihr Übergewicht hormonell, erblich bedingt oder aus Krankheiten entstanden waren.

Auch wenn Du Diäten bisher erfolglos ausprobiert hast, wird Schlankness Deinen Körper auf das Gewicht bringen, mit dem Du Dich wohlfühlst.

Mittlerweile praktizieren viele Menschen die Schlankness Methode, weil sie ein natürliches und gesundes Essverhalten haben wollen. Es ist so, dass jeder ganz leicht diese Methode erlernen kann. Schlankness ist also für alle. Für Frauen, für Männer, für Jugendliche und auch für Kinder.

Natürlich auch für Eltern und Lehrer, die ihren Kindern oder ihren Schülern eine natürliche und gesunde Essensweise beibringen wollen.

Für diejenigen, die auf Ursprung und Intelligenz des Körpers zurückgreifen wollen. Für diejenigen, die selbst entscheiden möchten, was sie essen wollen. Für alle, die das Leben wieder unbeschwert genießen möchten, ohne sich ständig Gedanken über das Essen machen zu müssen. Und auch für diejenigen, die ihr natürliches und gesundes Essverhalten zurückgewinnen möchten.

Wenn auch Du von dieser Methode profitieren möchtest, freue ich mich über Deine Entscheidung. Schaue Dich auf unserer Internetseite **www.schlankness.de** um. Dort findest Du viele kostenfreie Videos und Informationen, die Dir die Schlankness Methode näherbringen.

Und wenn Du möchtest, freue ich mich, Dich persönlich in unserem Onlinekurs und vielleicht in einem der Schlankness Seminare zu begleiten. Erlaube mir, Dich persönlich ein Stück Deines Weges in ein schlankes Leben zu begleiten.

Zweifel nach Herzenslust

Viele haben erst Zweifel, ob das Abnehmen und Schlank werden ohne Diät oder Verzicht überhaupt funktionieren kann. Aber es ist schon längst bekannt, dass es relativ egal ist, was der Mensch isst. Namenhafte Experten sind sich einig, dass Essen an sich, bzw. die Inhaltsstoffe in keinem Zusammenhang mit unserem Übergewicht stehen.

Vielmehr spielt unsere Psyche, unser Verhalten und essen aus emotionalen Gründen eine entscheidende Rolle, warum wir dick und übergewichtig werden. Und genau hier setzt Schlankness an und ist deshalb so erfolgreich.

Mit Schlankness verändern die Anwender ihre Einstellung zum Essen, so dass sie automatisch beginnen Körpergewicht zu reduzieren! Die Schlankness-Anwender verändern ihre alten Gewohnheiten und entwickeln neue positive Gewohnheiten, die automatisch von unserem Unbewussten gesteuert werden. Man gewinnt an mehr Selbstbewusstsein und kann den emotionalen Hunger mühelos stoppen.

Alle Anwender berichten, dass sie die Macht über ihr Essverhalten zurückgewonnen haben und essen nur dann, wenn sie echten Hunger verspüren, und auch nur das, was ihnen gut schmeckt. Sie können mittlerweile rechtzeitig ihr Sättigungsgefühl wahrnehmen, sie hören mit dem Essen auf, bevor sie sich vollstopfen.

Mit Schlankness kehrt jeder zu seinem natürlichen und gesundem Essverhalten zurück und gewinnt die kulinarische Körper Intelligenz zurück. Und was Du bislang auch versucht haben magst, jetzt ist es an der Zeit, etwas radikal anderes zu tun. Die Schlankness Methode hat schon vielen Tausenden dabei geholfen, auf eine

einfache Weise dauerhaft abzunehmen und sich wohl zu
fühlen. Nun bist Du an der Reihe. Die beste Zeit mit der
Schlankness Methode zu beginnen, war nicht gestern und
ist nicht morgen, sie ist heute. Um genauer zu sagen
„Jetzt".

Wetten, dass auch Du es schaffen kannst langfristig
abzunehmen und schlank zu bleiben? Auch wenn Du jetzt
vielleicht noch zweifelst, hoffe ich, dass Du den Versuch
wagst und sagst „Top, die Wette gilt." Du kannst nichts
verlieren bis auf Dein überflüssiges Körpergewicht.

Schlussbemerkung

Wir sind nun am Ende dieses E-Books angelangt und damit am Anfang eines neuen glücklichen und schlanken Lebens. In diesem neuen Leben hast Du von nun an selbst in der Hand, wie Du über Deinen Körper bestimmst und wie Du ihn ernährst. Visualisiere die Übungen und wie es ist einen schlanken Körper zu haben, und halte Dich an die einfachen Schritte der Schlankness Methode.

Ganz wichtig bei der Methode ist, dass Du alles essen kannst, was Dir schmeckt, solange Du nur dann isst, wenn Du Hunger hast, und aufhörst zu essen, wenn Du satt bist.

Über **Reza Hojati**

Als Autor von Büchern, CDs und Videos rund um das Thema Schlankness hat Reza Hojati mittlerweile 150 000 erfolgreiche Anwender erreicht. Über 15 000 Menschen haben ihn bislang in Vorträgen und Seminaren live erleben können. Die „Schlankness Methode" wurde von Reza Hojati selbst entwickelt.

Neben der Arbeit als Entwickler der Schlankness Methode ist er der Leiter des Hojati Instituts für Kommunikation, Motivation und Veränderung. Er ist als freier Trainer und Coach tätig und hat einige Bücher zu dieser Thematik und zu anderen Themenstellungen veröffentlicht.

Er verfügt über langjährige Erfahrung mit übergewichtigen Erwachsenen und Kindern und arbeitet seit vielen Jahren mit Menschen, die nicht nur abnehmen und schlank werden wollen, sondern auch mehr an Selbstbewusstsein gewinnen möchten.

Genau diese Gründe haben ihn dazu bewogen, die Schlankness Methode zu entwickeln. Seine Konzepte überzeugen durch einen ganzheitlichen Ansatz, der das Wohlbefinden des Menschen in den Vordergrund stellt. Innere Blockaden und Zwänge werden mit einfachen und dennoch effizienten Techniken beseitigt und die Balance zwischen Körper und Seele wird wiederhergestellt.

Seine Erfahrungen und seinen einzigartigen Ansatz vermittelt er in Seminaren und Vortragsreisen innerhalb Deutschlands und im Ausland. Neben seiner kompetenten Arbeit, liegt Reza Hojati vor allem die unterstützende und liebevolle Begleitung seiner Klienten am Herzen. Das Thema Abnehmen ohne Diät mit der Schlankness Methode ist zu seiner persönlichen Herzensangelegenheit geworden. Bereits tausenden Menschen konnte er leicht und mühelos zum Wunschgewicht, sowie zu einem glücklicheren, vor allem diätfreien Leben verhelfen.

Dein bisheriges sattes Abnehm-Programm- Du kennst das: Zu viele Kilos bedeuten viel Arbeit für das eigene Wunschgewicht.

Unser Schlankness-Programm hilft Dir dabei dauerhaft abzunehmen. Mit über 20 Jahren Erfahrung und TRANCEFORMATIONs Übungen stimmen wir Dein Unterbewusstsein wieder auf schlank ein – ohne Sport oder Ernährungspläne.

Unsere Mission

Mit „Schlankness" möchten wir eine Alternative zu herkömmlichen Abnehm-Methoden anbieten. Wir möchten Dich dabei unterstützen, das Vertrauen zu Deinem eigenen Körper wieder zu gewinnen, damit Du Dich wohlfühlst und essen kannst, was Du möchtest.

Reza Hojati ist überzeugt, dass wir mit den richtigen Gedankenprogrammen und der passenden Lebenseinstellung sowie einem gesundem Selbstbild ein erfülltes Leben führen können. Mit dieser Art von Bewusstheit kann jeder Mensch das Beste aus sich machen, und das in jedem Moment seines Lebens.

Unsere Philosophie – Deine Vorteile

Dein ganzheitlicher und langfristiger Erfolg ist uns sehr wichtig. Unter ganzheitlichem Erfolg verstehen wir insbesondere die Bereiche mentale Einstellung, Veränderung des Essverhaltens und die Entkonditionierung des emotionalen Essens. Mit unserem Schlankness-Programm möchten wir Dir die Möglichkeit bieten, langfristig zu Deinem gewünschten Erfolg zu kommen, Deine Lebensqualität zu verbessern und dauerhaft schlank zu bleiben.

Wir helfen Dir Dein Körpergewicht leicht und mühelos zu reduzieren und Dein Selbstwertgefühl zu steigern. Mit den Schlankness-Werkzeugen gewinnst Du mehr Lebensqualität und bleibst schlank. Dein Leben wird sich zum Positiven weiter entwickeln und Du kannst Dich gemäß Deinen Wunschvorstellungen entfalten.
Herzlich Willkommen in Deinem neuen, schlanken und glücklichen Leben!

Treffe **jetzt** eine Entscheidung!

Was würdest Du tun, wenn Du keine Befürchtung haben müsstest, zu essen, was Du möchtest und trotzdem Körpergewicht verlieren würdest?

Wenn Du Dir sicher wärst, dass es einen Weg gibt, wie Du Deinen emotionalen Hunger TRANCE-formieren, Deine hinderlichen Gewohnheiten ganz einfach und dauerhaft verändern könntest und Dich auf einen schlanken und gesunden Körper programmieren könntest? Wenn Du ohne Ängste und schlechtes Gewissen essen könntest, was Du wolltest und Dich trotzdem wohl fühlen könntest?

Vielleicht ist es die Entscheidung, nicht länger anderen Leuten die Schuld zu geben, sondern stattdessen selbst jeden Tag etwas dafür zu tun, dass Dein Leben erfreulicher wird. Vielleicht entschließt Du Dich dazu, mit Schlankness Körpergewicht zu reduzieren und beginnst Dein Leben endlich zu genießen.

Absolut alles, was Du tun musst ist, Dich für ein schlankes Leben zu entscheiden. Du hast bereits den ersten Schritt zu einem schlanken Leben unternommen – einfach nur indem Du dieses Buch liest. Da Du gezeigt hast, dass Du es mit Deinem Leben zumindest ernst genug meinst, um dieses Buch bis zum Ende Durchzulesen, möchte ich Dich mit einem Bonus belohnen.

Los geht´s! Starte jetzt in Dein schlankes und glückliches Leben!

Dein neues Schlankness-Programm

Das Schlankness-Programm hilft Dir dabei dauerhaft abzunehmen. Mit über 20 Jahren Erfahrung und TRANCEFORMATIONs-Übungen stimmen wir Dein Unterbewusstsein auf schlank ein – ohne Sport oder Ernährungspläne.

Hier findest Du einen Gutscheincode der Dir 10% Rabatt auf alle unsere Schlankness Produkte gewährt. Also schnell auf https://www.schlankness.de/preise/ gehen und den Code "schlankness10" einlösen, denn dieser ist nur begrenzt gültig.

Die richtige mentale Einstellung macht den Unterschied

Das wirksame Schlankness®- Konzept basiert auf den neuesten wissenschaftlichen Erkenntnissen und wurde über Jahre entwickelt. Es ist leicht in den Alltag zu integrieren und führt Dich an Dein Abnehm-Ziel. Du kannst essen was Du möchtest – und nimmst trotzdem ab!

Deine **Ausbildung** zum **Food Mental-Coach**

Helfe Menschen dabei ohne Diät abzunehmen und ein glückliches Leben zu führen.

Die **Food Mental-Coach** Ausbildung ist ein exzellentes Weiterbildungs-programm über 7 Tage, das es auf diese Art und Weise in deutschsprachigen Ländern so gar nicht gibt.

Warum? Weil diese Ausbildung eine **„Kopf-Diät"** ist und direkt dort ansetzt, wo Übergewicht und Essstörungen entstehen. Nämlich im Kopf, in unserem Unterbewusstsein.

Daher ist sie eine einzigartige Ausbildung, die mehr verbindet als es bisher irgendeine Methode tun könnte.

Eine zertifizierte Ausbildung

Schlankness Food Mental Coach Ausbildung ist eine zertifizierte Qualifikation. Sie befähigt Dich dazu persönlich anderen Menschen zu helfen schlank zu werden, ihr zwanghaftes Essverhalten zu besiegen und aus der Diätfalle heraus zu finden.

Wir freuen uns auf Deine Teilnahme.

Kontakt
Tel.: 0431 – 65 75 364
info@schlankness.de

Schreib auch Du **Deine eigene**
Erfolgsgeschichte

Kristina K.
nahm ohne zusätzliche Mühe ~ **1 kg / Woche** ab

Ragnar M.
nahm **25 Kilo in 12 Wochen** ab

Der heutige Erfahrungsbericht ist der wichtigste von allen – es ist nämlich Deiner! Mach ein Foto von Dir und klebe es in das Kästchen. Schreibe dann Deine Geschichte auf der nächsten Seite auf. Vielleicht inspirierst Du mit Deiner Geschichte einen anderen Abnehmwilligen und er fängt ebenfalls an, sein Essverhalten, die Beziehung zu seinem Körper und sein Leben zu verändern.

Schreibe gerne, wie Du Dich fühlst und was Dich seit Deiner Abnahme in Deinem Leben verändert hat?

Meine Biografie

Wie hast Du Dich gefühlt, als Du Dein Wunschgewicht erreicht hast?

Was hat sich seit Deiner Abnahme in Deinem Leben verändert?

FSC
www.fsc.org
MIX
Papier aus ver-
antwortungsvollen
Quellen
Paper from
responsible sources
FSC® C105338